JN269476

How to Make the Maximum Use of Your Brain and Words

脳と言葉を上手に使う

NLPの教科書

米国NLP協会認定トレーナー
前田忠志

実務教育出版

はじめに

「もっと私のことを理解してほしい」

「正しいことを言っているのに、聞いてくれない」

「上司とうまくいかない」

「もっと人とうまく関わりたい」


人間関係の悩み、人とのコミュニケーションでの悩みはさまざまですが、つきつめていくと、「他人が自分の思いどおりにならない」ということになります。

では、なぜ他人は、あなたの思いどおりにならないのでしょうか?

思いどおりにならないのは、他人だけではありません。

「ダイエットをしたいのに、つい食べてしまう」

「机の上を片づけるのが面倒」

「人に無茶なことを言ってしまう」

「新しいことにチャレンジしたいのだけど、思いとどまってしまう」


人間関係やコミュニケーション以外でよくある悩みは、自分の行動や感情の悩みです。

「こうなりたい」と思うのに、そうならない自分がいます。

では、なぜ自分は、自分の思いどおりにならないのでしょうか？


NLPは、そういった悩みに答えます。

NLPは、コミュニケーション、問題解決、目標実現の〝道具箱〟。脳と言葉を上手に使うことで、他者とよい関係を築き、自分の悩みに取り組み、夢や目標をかなえることができるものです。

コミュニケーション、問題解決、目標実現。これらは、センスでも才能でもありません。スキルです。スキルなので、身につけることができるのです。

自分が自分の思いどおりにならないのは、自分の思いどおりにしたくないからです。思いどおりのことをしたい自分と、思いどおりのことをしたくない自分がいるのです。とはいえ、「自分が自分の思いどおりにならない」という悩みを持ち続けるのは、健全ではありません。

ＮＬＰによって、自分の思考、感情、行動を思いどおりにすることができるようになります。

そして、他人があなたの思いどおりにならないのは、他人はあなたの思いどおりになりたくないからです。

あなたが他人の思いどおりにされるのは嫌なように、他人も、あなたの思いどおりにされるのは嫌なのです。

とはいえ、「他人が自分の思いどおりにならない」という悩みを持ち続けるのは、健全ではありません。

ＮＬＰによって、人と望ましい関係を築くことができるようになります。

私は、ＮＬＰの創始者リチャード・バンドラー氏にＮＬＰトレーナーとして認定され、ＮＬＰの講座を開催しています。

そして実際に、多くの人がＮＬＰを通して自分らしく輝くのを見てきました。講座を受講していただいた方々の声の一部をご紹介します。

・ＮＬＰで得られた大きなことは、こうなりたいなという希望が、なれるという納得に変わったことです。また、感性が活性化されるのでしょうか。自分の感覚に素直になり、楽しいことはより楽しいと感じるようになりました。
（30代・女性・会社員）

・ＮＬＰを受講して、以前抱いていた〝夢〟を実現させたいという思いがわいてきて、今後の目標も明確になりました。〝建築士の資格を取る〟という過去の思いもよみがえり、資格を取るために学校に通いはじめました。
（30代・男性・会社員）

• 久しぶりに一人の友人に会って話をしたところ、「この前に会ったときよりも、さらに内面からの輝きを感じたよ。たくさんの可能性が見えるよ。すごくきれいだよ」と言ってくれました。

（30代・女性・会社員）

• 非常に気難しく、いつも看護師やスタッフに文句ばかり言っている患者さんに、NLPで教えていただいたスキルを使って応対しました。すると、私の手を握りながら、「私の人生で会った先生の中で、先生が一番いい先生だ」と言ってくれました。

（30代・女性・医師）

• 一つの出来事を別の角度から見ると、悪い面もあれば、良い面もある。考え方が柔軟になって、悪い気分を長く引きずらなくなりました。

（40代・男性・会社員）

このように人の可能性を引き出すＮＬＰ。この本は「ＮＬＰの教科書」として、次のような特徴があります。

●ＮＬＰがはじめての方のための本です

この本は、ＮＬＰがはじめての方のための本です。

この本を読むにあたって、ＮＬＰに関する経験や知識は必要ありません。どなたでも楽しく読んでいただくことができます。

●標準的なスキルをカバーしています

この本はＮＬＰの標準的なスキルをカバーしています。

ＮＬＰの各スクールのカリキュラムを調査し、スクールの系列にかかわらず、どのスクールでも取り扱っているような基本的なスキルをご紹介するようにしました。

●日常的な使い方を紹介しています

ＮＬＰは、机上の学問ではなく、実践的なスキルです。この本は、スキルの手順や考え方の説明はもちろん、スキルの日常的な使い方をわかりやすく紹介しています。

ＮＬＰを学ぶことで、人生の質を高めることができます。そんなＮＬＰの世界に足を踏み入れるあなたを歓迎します。

それでは、さっそくＮＬＰの扉を開いていきましょう。

前田忠志

CONTENTS

脳と言葉を上手に使う　ＮＬＰの教科書

Part 1 ＮＬＰとは

Part 2 人の心を開く

Part 3

人とうまく関わる

Part 4

人を導く

Part 5

行動や感情を変える

Part 6 嫌いな自分を変える

Part 7

夢をかなえる

装幀／重原隆
本文デザイン・DTP／新田由起子、川野有佐（ムーブ）
本文イラスト／ムーブ

Part 1

NLPとは

ようこそ、魅力あふれるNLPの世界へ。

NLPは、コミュニケーション、問題解決、目標実現の“道具箱”。

このPART 1では、まず、NLPがどういうものなのかをご紹介していきます。

そして、道具箱の中の道具を使っていくうえで知っておくと役立つことについても、ご紹介していきます。

NLPは新しい自分になるための〝道具箱〟

人の心を開き、人と関わり、人を導く

「熱意は伝わる」と言いますが、本当でしょうか？

たしかに、熱意をもって人と接して、最初は乗り気ではなかった相手がやる気を出してくれるようになった、ということがあるかもしれません。

でも、何かを買おうと思ってお店に入るなり、店員に熱心に商品をすすめられ、そういう店員から離れたくなったこともあるのではないでしょうか。

熱意は伝わるときもあれば、伝わらないときもあります。熱意が伝わらないときに、熱意をもてばもつほど、相手は自分から離れていきます。熱意が伝わるには、その前に、相手が心を開いていることが大切です。

そして、そのうえで、人とうまく関わり、人を導くことで、よいコミュニケーションになります。

人間関係で問題が起きているときは、相手が悪いと考えがちですが、相手を変えるのは難しいことです。そのようなときでも、自分のコミュニケーションを変えることはできるのです。

ＮＬＰには数多くのスキルがあります。

この本では、前半のＰＡＲＴ２「人の心を開く」、ＰＡＲＴ３「人とうまく関わる」、ＰＡＲＴ４「人を導く」で、対人コミュニケーションスキルをご紹介します。

自分を変え、夢を実現させる

コミュニケーションは、対人コミュニケーションだけではありません。自分とのコミュニケーションも大切なコミュニケーションの一つです。

自分とのコミュニケーションは、セラピー的なスキルで、自己変化や自己成長に役立ちます。

誰もが、悩みをなくし、夢や目標を実現し、理想的な自分になりたいと思っています。もし、そうならないとしたら、自分とのコミュニケーションが上手にできていないからです。

たとえば、ダイエットをしたいのにできない、という人がいます。

ダイエットの方法を知らない人はいません。摂取カロリーより消費カロリーが多ければいいのですから、食べるものを減らして運動を増やせばいいのです。理屈ではわかっていますが、つい食べてしまいます。

それは、食べたくない自分だけでなく、食べたい自分もいるからです。いわば、もう一人の自分です。もう一人の自分の声を聞くことで、やめたい行動をやめることができるようになります。

自分とのコミュニケーションを上手にすることで、悩みを解決し、夢や目標を実現することができます。

この本では、後半のＰＡＲＴ５「行動や感情を変える」、ＰＡＲＴ６「嫌いな自分を変える」、ＰＡＲＴ７「夢をかなえる」で自分とのコミュニケーションスキルをご紹介します。

誰もが日常生活や仕事で活用できる

ＮＬＰは１９７０年代にリチャード・バンドラーとジョン・グリンダーの２人の創始者によってはじめられました。

当時、心理療法の分野にはさまざまな流派があり、多くの心理療法は、患者がなぜ問題を抱えてしまったのか、患者の問題の原因をさぐることに焦点をあてていました。

それに対し、リチャード・バンドラーとジョン・グリンダーは、心理療法家（セラピスト）に焦点をあてました。ゲシュタルト療法のフリッツ・パールズ、家族療法のバージニア・サティア、催眠療法のミルトン・エリクソンといった卓越した成果をあげていた３人の心理療法家を研究し、言葉の使い方などを誰でも使えるように体系化したのです。

その後、ＮＬＰは分野をひろげて発展しました。そして、いまなお発展を続けています。心理療法の場面に限らず、日常生活や仕事の場面でも使うことができます。米国大統領、プロスポーツ選手、経営者といった人たちもＮＬＰを活用して成果をあげています。

ＮＬＰは、心理的に苦しんでいる人にも、社会の一線で活躍している人にも、そしてもちろん、その間の人にも使えるものです。

プログラミングは変えられる

NLPはNeuro-Linguistic Programmingの頭文字をとったもので、「神経言語プログラミング」と訳されます。

Neuroは「神経」。五感のことです。人は、視覚・聴覚・身体感覚・嗅覚・味覚といった五感を通して出来事を体験します。

Linguisticは「言語」。人は、五感を通して得られた情報を言語によって思考し、意味づけし、コミュニケーションします。

Programmingは「プログラミング」。思考や行動のパターンです。人の脳は、コンピュータと似ているところがあり、プログラミングされたとおりに動きます。望む結果を得られるよう、プログラミングを変えることができます。

NLPは、神経、言語、プログラミングの相互作用を解き明かすものです。

たとえば、目の前の上司が「もっとしっかりやるように」と言ったとき、目の前に上司がいるのが見え（視覚）、上司の言葉を耳にしています（聴覚）。これがNeuro（神経）です。

プログラミングを変えて、望む結果に近づく

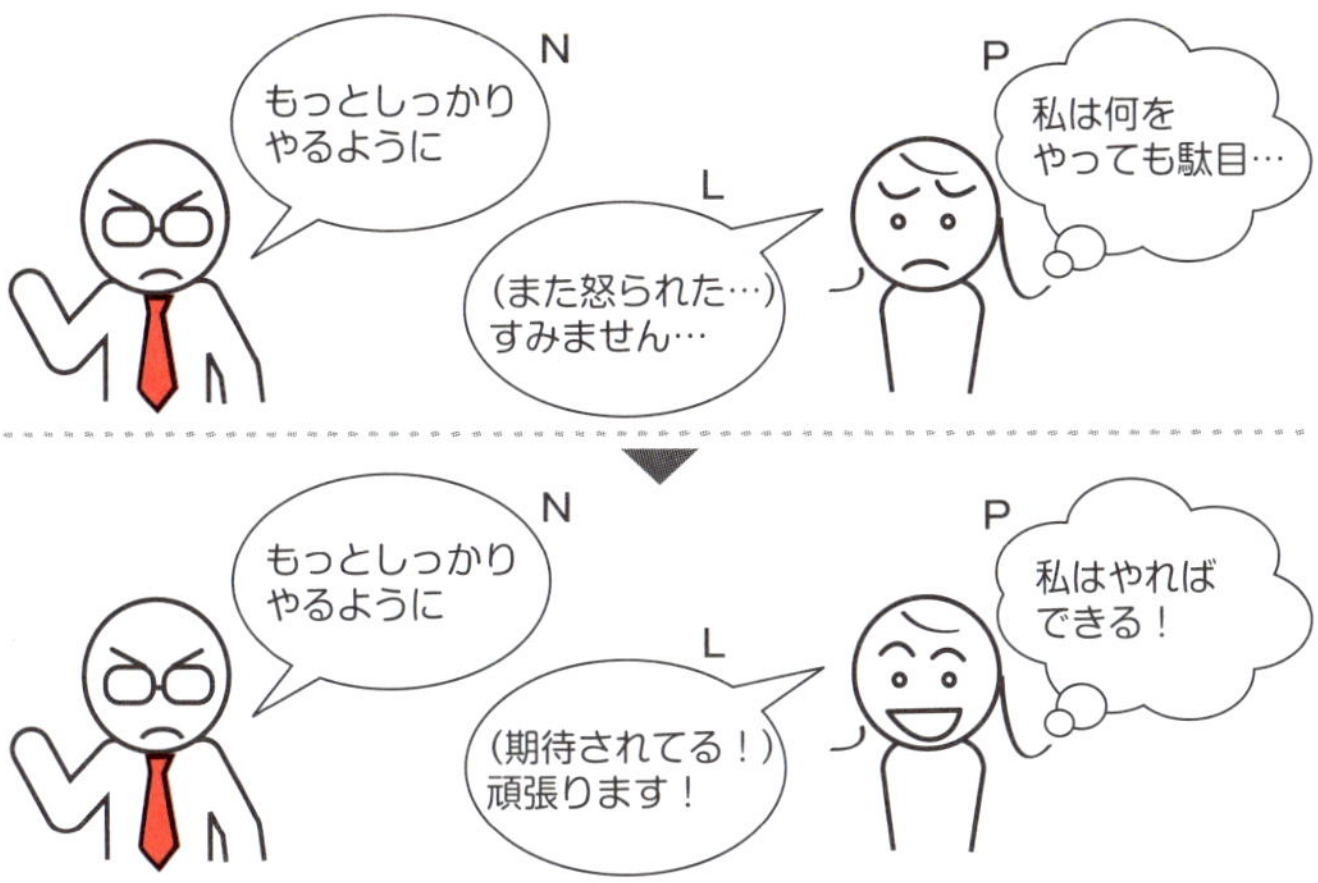

そして、この体験を「また怒られた……」などと意味づけし、「すみません……」などと言葉にします。これがLinguistic（言語）です。

このとき、「私は何をやっても駄目……」という思考のパターンがあります。これはProgramming（プログラミング）です。

プログラミングは変えられます。「私は何をやっても駄目……」ではなく、「私はやればできる」というように変えれば、上司から「もっとしっかりやるように」と言われたときに、「期待されている」などと意味づけし、「頑張ります」などと言えるようになります。

自分で自分を自由にする

いま、ＮＬＰを学ぶ人が増えています。

満たされているようで、満たされていない。収入は増やしたい。でも、がむしゃらに働けばいいわけではない。収入が多ければいいというわけでもない。そんな人が増えています。

会社のステータスや給料といった社会的基準が、自分の幸せの基準ではないことに気づき、自分の羅針盤を持ちたいと思う人が増えてきました。

自分の大切なものを大切にできるようになったのはよいことですが、何が自分の大切なものなのか、わからない人も多いのです。

また、自分の大切なものはわかっていても、そこに近づけない人もいます。こうなりたいのに、こうならない。

凝り固まった自分の思考、感情、行動では、自分の大切なものが見つからない、近づけない。このままではいけない。自分が自分になりたい……。

ＮＬＰは、そんなときに役に立ちます。

ＮＬＰの創始者リチャード・バンドラーは、ＮＬＰを次のように定義しています。

「人々にどのようにして人生の質を高めるのかを教える、在り方であり、方法論であり、テクノロジーである。自分自身や他の人たちと、より効果的にコミュニケーションをとる方法を教える教育的なツールである。彼らが考え、感じ、行動する方法において、個々の自由を持つことを助けるようにデザインされている」

リチャード・バンドラー『望む人生を手に入れよう』（白石由利奈監訳、エル書房）

ＮＬＰによって、「考え、感じ、行動する方法において、個々の自由」が持てる、つまり、自由な思考、感情、行動ができるようになるのです。

ＮＬＰは、思想や宗教ではありません。「こうあるべき」という考え方ではなく、「こうすれば、こうなる」という方法論です。

「あなたは、こうしなさい」という押しつけは、もういりません。過去にはいろいろあったけれど、それに縛られる必要はありません。

自分の未来を自分で作る。そのために役立つのがＮＬＰです。

NLPはここからはじまる

NLPの前提

NLPには、「NLPの前提」という基本的な考え方があり、NLPのスキルは「NLPの前提」を出発点としています。「NLPの前提」は、その考え方を知るだけでも、人生のさまざまな場面で役立つものです。

こんなことはありませんか？

上司にすぐ怒られます。上司に怒られると落ち込んでしまうので、もう怒らないでほしいと思っています。

NLPではこう考えます

上司がすぐに怒るような人だとしても、上司を変えるのは簡単ではありません。おそらく、その上司は何十年も、そういう性格でやってきたのです。

上司を変えるのが難しいとしても、上司が怒ったとき自分が嫌な気持ちにならないように、自分が変わることはできます。**他人は変えられませんが、自分は変えられます。**

NLPでは、現実の体験の内容を変えることより、自分が現実を体験するプロセスを変えるほうが価値があると考えます。

高所恐怖症の人がいますが、高いところに上がらないようにするよりも、高いところでも恐くならないようにするほうが価値のあることです。

昔の出来事を思い出して嫌になることがありますが、過去に起きた出来事を変えることはできません。変えられないものを変えようとして変えられないと、つらくなります。でも、その出来事を思い出しても嫌にならないようになることはできます。

NLPには、現実を体験するプロセスを変えるスキルがたくさんあります。

NLPの前提❶

現実の体験の内容を変えるより、現実を体験するプロセスを変化させる能力のほうが、価値があることが多いのです。

こんなことはありませんか？

よくデータの入力ミスをする部下がいます。部下がミスをするたびに、「次回はミスをしないように」と注意するものの、部下のミスはなくなりません。

NLPではこう考えます

「次回はミスしないように」と注意してもミスがなくならないのであれば、たとえば、「正しくデータを入力するには、どうしたらいいと思う？」と質問するといいかもしれません。

ただ、コミュニケーションには万能なフレーズはありません。人によっては、「次回はミスをしないように」と注意するだけでミスがなくなるかもしれませんし、「正しくデータ入力するには、どうしたらいいと思う？」と質問しても変わらないかもしれません。

大切なことは、**コミュニケーションがうまくいかなかったときには、自分のやり方を変えてみる**ということです。

人とコミュニケーションすると、「言ったことが伝わらない」「言ったのにやってくれない」ということがよく起こります。その場合、問題を相手のせいにしてしまいがちです。

「言ったことが伝わらないのは、相手が悪い」「言ったのにやってくれないのは、相手が悪い」「注意したのにミスがなくならないのは、部下が悪い」といった具合です。

でも、コミュニケーションの意味は、自分が何を言ったかではなく、どのような反応を受け取ったか、ということにあります。

コミュニケーションはキャッチボールと言いますが、相手からボールが返ってこないのは、相手がとれないボールを投げたからです。相手からボールが返ってこないなら、自分の投げ方を変える必要があります。

コミュニケーションでも、望む反応が得られないなら、自分のやり方を変える必要があるのです。

NLPの前提❷

コミュニケーションの意味は、受け取る反応にあります。

こんなことはありませんか？

仕事で、会議の進行役を任されました。上司からは「いい会議」にしようと期待され、自分でも「いい会議」にしたいと思っています。

NLPではこう考えます

私たちは、視覚・聴覚・身体感覚・嗅覚・味覚といった五感を使って、周りの環境や自分たちの行動を識別します。

「いい会議」にしたいというだけでは、それがどういうものかわからないので、自分の行動の指針になりません。五感を使って表すことで、どういうものかわかるようになります。

たとえば、会議の参加者が真剣な表情で（視覚）、理論的な議論をするのが聞こえ（聴覚）、集中力を感じる（身体感覚）のが「いい会議」かもしれません。

または、会議の参加者が笑顔で（視覚）、笑い声をまじえながらアイデアを出しあうのが聞け（聴覚）、ワクワク感じる（身体感覚）のが「いい会議」かもしれません。

このように五感で表現すると、自分の行動の指針にすることができますし、コミュニケーション・ギャップも起こりにくくなります。

NLPの前提③

周りの環境や自分たちの行動に対して、人間が識別できることはすべて、視覚・聴覚・身体感覚・嗅覚・味覚を通して、有効に表すことができます。

こんなことはありませんか？

昔から起業したいという夢を持っているのですが、起業に踏み切れません。会社員として働いてきて経験も実績も積んできたため、起業に挑戦して失敗したくないという思いも強いのです。

NLPではこう考えます

私たちは、よりよい自分になりたいと思っています。よりよい自分になるためには、スキル、経験、信念、価値観、人間関係、時間、お金といった資源が必要です。このような資源のことを**「リソース」**といいます。

人が変化を起こすために必要なリソースは、すでにその人の中にあります。

起業したいけれど失敗したくないという人にとって、失敗したくないという思いは制限となっているように感じられます。

ところが、起業したいのに起業せずに人生を終えると、人生が終わるとき人生に失敗したと後悔するに違いありません。

人生に失敗したくない、という思いが強まるほど、起業に挑戦することになります。人生という視点で捉えなおすと、失敗したくないという思いはリソースなのです。

昔から起業したかった、という思いもリソースですし、会社員として働いてきたことで得られた経験や能力や自信などもリソースです。

変化を起こせないと感じるときは、リソースがないのではなく、リソースに気づいていないだけなのです。

NLPの前提❹

人が変化を起こすための必要なリソースは、すでにその人の中にあります。

こんなことはありませんか？

仕事で資料を作ったところ、上司から「この資料、ここを変えたほうがいいね」と言われ、「上司に評価されてない……。もう駄目だ」と思いました。

NLPではこう考えます

地図は、現地をありのままに表すことはできません。ある場所を地図にするときは、建物を省略したり、カーブを直線で表したり、別のものを同じ記号で表したりします。現地を省略・歪曲・一般化して地図になります。

同じ場所であっても、さまざまな省略・歪曲・一般化をすることで、さまざまな地図を作ることができます。

役に立つ地図は、適切に省略・歪曲・一般化された地図です。そうした地図を頼りにすると目的地に行くことができます。

ところが、同じ場所を表した地図であっても、その地図を頼りにすると目的地に行けないこともあります。目的地に行けないときは、現地に問題があるのではなく、地図に問題があるのです。

地図は現地を省略・歪曲・一般化している

現地

地図

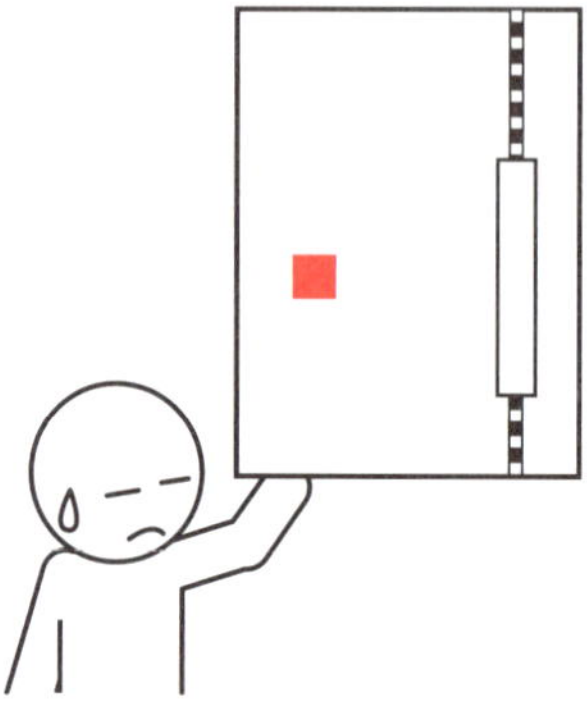

役に立たない地図

役に立つ地図

Photo：和航／アフロ

人の体験全般についても、同じようなことが言えます。

いま、この本を読んでいるとき、周りの物音はあまり聞いていないことでしょう。でも、注意を払えば、何か音や声が聞こえることにも気づくはずです。また、手足の感覚にも意識は向いていないことでしょう。注意を払えば、手足が何かにふれていることに気づくはずです。

このように、**私たちは現実をありのままに体験するのではなく、省略・歪曲・一般化して体験します。いわば、現実を〝心の中の地図〟に表しているのです。**

「この資料、ここを変えたほうがいいね」と言われたとき、「上司に評価されてない……。もう駄目だ」と受け止めるのは、心の中に役に立たない地図を書いてしまったようなものです。現実を変えなくても、心の中の地図を変えて、「上司に指導されてる。成長の機会だ！」と受け止めることもできます。

問題は現実にあるのではなく、役に立たない心の中の地図にあるのです。

私たちが体験していることは、現実そのものではありません。このことを、NLPでは、「地図は現地ではありません」あるいは「地図は領土ではありません」といいます。

心の中の地図も現実を省略・歪曲・一般化している

現実
この資料、ここを
変えたほうがいいね
心の中の地図
上司に評価
されてない…
指導されてる。
成長の機会だ！
役に立たない地図
役に立つ地図

また、同じ出来事についてさまざまな心の中の地図を書くことができる、ということは、同じ出来事であっても人によって心の中の地図は違う、ということでもあります。

同じ映画を観たのに、楽しいと思う人もいれば、つまらないと思う人もいます。心の中の地図が違うからです。

褒め言葉として「まじめですね」と言ったつもりが、相手を傷つけてしまうことがあります。これも、心の中の地図が違うからです。

どの心の中の地図が正しいというわけではありませんが、よいコミュニケーションをするためには、相手の心の中の地図を尊重することが大切です。

NLPの前提5
地図は領土ではありません。

こんなことはありませんか？

よく遅刻してしまいます。「また遅刻してしまった」と後悔したり、周りの人に迷惑をかけてしまうこともあり、自分のことを「遅刻するなんて駄目な人間だ」と感じます。

NLPではこう考えます

私たちは、「遅刻するのは駄目な人間だ」というように、人の行動によってその人の価値を判断してしまったりすることがあります。

しかし、「駄目な人」とか、「価値のない人」ということはありません。よく遅刻する人は、単にそういうパターンを身につけてしまっただけであって、人の価値は、遅刻するかどうかとは関係ありません。

どのような人にもプラスの価値があります。私たちは、価値ある存在なのです。

そして、人の価値は一定です。遅刻をしたからといって、その人の価値が減ることはありません。

遅刻しても問題ないというわけではありませんが、人が問題なのではなく、反応が問題とされているのです。

たとえば、遅刻することで、自分が「また遅刻してしまった」と後悔してしまったのであれば、その人の内側で望ましくない反応が起きています。

また、周りの人に迷惑をかけてしまったりしたのであれば、その人の外側で望ましくない反応が起きているのです。

NLPの前提❻

人の肯定的な価値は一定です。その一方でその人の内側と（もしくは）外側の反応が、価値があり適切かどうかが問われるのです。

こんなことはありませんか？

毎晩、つい夜更かしをしてしまいます。夜更かしをしても、睡眠時間が減るだけで意味がありません。いつもやめたいと思うのですが、やめられず自己嫌悪に陥ります。

NLPではこう考えます

やめたいのにやめられない夜更かし。私たちは、やめたいと思ってもやめることができず、ついやってしまうような行動をとることがあります。

そうした行動は、勉強をするというような目的意識のある行動とは違うように感じられます。勉強は意図をもってやりますが、夜更かしは意図をもってやるわけではないように感じられます。

しかし、夜更かしのような行動にも、意図があります。たとえば、夜更かしすることで、自由を感じることができます。夜更かしをするという行動には、自由という肯定的な意図があるのです。

また、夜更かしが役立つ状況もあります。たとえば、友人と語り明かすときは夜更かしが役に立ちます。

このように、すべての行動には肯定的な意図があり、その価値を生かせる状況がありま す。

まったく意味がない行動というのはないのです。

NLPの前提⑦

すべての行動には、それを起こさせる肯定的な意図があります。また、すべての行動にはその価値を生かせる状況があります。

こんなことはありませんか？

ダイエットに失敗してしまいます。カロリーに気をつけて食事をしようと思うものの、飲食店でメニューを見ると、つい、食べたいものを注文してしまいます。

NLPではこう考えます

ＮＬＰには、「失敗」はありません。望んだ結果であってもなくても「成功」です。

ダイエット中なのにメニューを見て食べたいものを注文してしまうのは、失敗ではありません。メニューを見て食べたいものを注文するのに成功しているのです。

ただ、それは望んだ結末ではありません。望んだ結末でないときは、望んだ結末を得るために、ほかの方法に変えてみればいいのです。

エジソンは、「電球の発明に1万回も失敗して大変でしたね」と言われたとき、こう答えたことで知られます。

「私は1回も失敗していない。1万回、うまくいかない方法を見つけただけだ」

NLPの前提8

フィードバックvs失敗——与えられた仕事や状況に対して、それが望んだ結末であってもなくても、あらゆる結果と行動は成功なのです。

できないことも学習
学習の4段階

最初はみんなできない

私たちはいま簡単に「ひもを結ぶ」ことできますが、生まれつき結べたわけではありません。次のような段階を追って、できるようになったのです。

◉第1段階

最初は、ひもの結び方を知りませんし、ひもを結ぶこともできません。この段階を**「無意識的無能」**といいます。**学習する前の「知らないしできない」という段階**です。

◉第2段階

ひもが結べるようになるために、ひもの結び方を教えてもらいます。でも、やり方がわかるだけではできるようにはなりません。この段階を「意識的無能」といいます。**「知っているけれどできない」という段階**です。

◉第3段階

教えてもらったように、注意を払いながらやってみることで、ひもを結べるようになります。この段階を「**意識的有能**」といいます。**「知っていて、意識するとできる」という段階**です。

◉第4段階

繰り返しやっているうちに、注意を払わなくても、ひもを結べるようになります。この段階を「**無意識的有能**」といいます。**「意識しなくてもできる」という段階**です。

ストレスを感じる第2段階

「ひもを結ぶ」ということに限らず、学習にはこのような4段階があり、NLPではこれを「学習の4段階」と呼んでいます。4段階すべてが学習です。

一番ストレスを感じやすいのは、知っていてもできない第2段階ですが、この段階に達することも学習です。

NLPをはじめて学ぶ方であれば、いま多くのNLPのスキルは第1段階のはずです。この本を読んでやってみても最初はうまくいかないかもしれません。これは第2段階ですが、第1段階より学習したということです。

本を見ながらやってみると、はじめてでもできるスキルもたくさんあるかと思います。そういう場合は第3段階です。繰り返しやることで第4段階に進むことができます。

Part 2

人の心を開く

NLPには、他人とのコミュニケーションに役立つスキルと、自分とのコミュニケーションに役立つスキルがあります。

まずは、他人とのコミュニケーションに役立つスキルをご紹介します。

相手に対して効果的に働きかけるためには、相手の心が開いた状態であることが必要となります。このPART 2では、人の心を開くスキルをご紹介していきます。

打ち解けた雰囲気をつくる

ラポール

相手は心を開いているか？

街の不動産屋さんにお客さんが入ってきました。お客さんは、カウンターの椅子に座ると、少し体を後ろにひいて、ゆったりした口調で、店員と話を始めました。

「一人暮らしなんですが、このあたりで新築のお部屋を探しているんですが……」

店員は、前のめりになって早口で答えます。

「おすすめの新築物件があります。こちらのワンルームで、駅から近くの人気物件です」

「これ、ですか？」

「はい、すぐ内覧できます。新築は人気なので、早くご覧になったほうがいいですよ」

「そうなんですか。今日は内覧までは考えていなかったのですが……」

この店員の接客では、部屋がよいかどうか以前に、コミュニケーションに問題がありそうです。接客に限らず、コミュニケーションが問題で物事がうまく進まないのは、もったいないことです。

店員は何を変えたら、よりよい接客になるでしょうか？

お客さんは、商品を選んだり、買おうと決めたりする前に、店員を信頼できるかどうかを判断します。ところが、この店員の接客では、お客さんの信頼が得られていません。信頼が得られていなければ、何を言っても相手は受け止めてくれません。

コミュニケーションにおいて相手に何かを働きかけるためには、まず、相手が自分に対して心を開いていることが必要です。

相手が心を開いている状態、信頼感や安心感のある打ち解けた状態のことを「ラポール」といいます。ラポール（rapport）は、フランス語で「関係」という意味です（「橋をかける」という意味であると説明されることもありますが、そうした意味はありません）。

心を開くかどうかは意識で決めるわけではありません。無意識で決まります。ラポールは、無意識レベルで同調している状態です。

ラポールがないと、コミュニケーションはうまくいきません。いくら商品がよくても、売れません。人は熱意だけでは動きませんし、理屈だけでも動きません。人が動くためには、まず、ベースとなるラポールが必要なのです。

「バックトラック」で相手に合わせる

通常、お客さんは初対面の店員にあまり心を開いていませんから、店員はラポールを築いていく必要があります。

冒頭の例では、お客さんが「一人暮らしなんですが、このあたりで新築のお部屋を探しているんですが……」と言ったとき、店員は「おすすめの新築物件があります。こちらのワンルームで、駅から近くの人気物件です」と答えています。

店員は、よい情報を提供しようという誠意からこのように答えたのかもしれませんが、この言葉によって、お客さんは「私の話を聞いてくれない」と感じて、心を閉ざしてしまいました。

一人暮らしだからといって、ワンルームを求めているとは限りませんし、駅に近い物件を望んでいるとも限りません。お客さんによっては、広めの部屋がいいと思っているかもしれませんし、駅から離れた静かな場所に住みたいと思っているかもしれません。

人は、自分の気持ちと違うことを言われると心を閉ざしてしまいます。そうならないためには、相手の言葉をおうむ返しするのが効果的です。おうむ返しすることを「バックトラック」といいます。バックトラック（backtrack）は、「来た道を引き返す」という意味です。

お客さんが「一人暮らしなんですが、このあたりで新築のお部屋を探しているんですが……」と言ったとき、バックトラックをすると、「一人暮らし用の新築のお部屋ですね」などと言うことができます。

お客さんはそう言われると、自分の言いたいことを聞いてくれているという安心感をもち、次の話も進めやすくなります。

コミュニケーションに苦手意識を持つ人の中には、上手に話をできるようになりたいと思っている人が多くいます。しかし、コミュニケーションスキルを高めるための近道は、上手に話すことよりも、まず、上手に聴くことです。

人は誰でも、自分のことをわかってもらいたい、自分のことを重要だと感じたいと思っています。そして、自分の話を聴いてもらうことで、この気持ちが満たされます。「私に

バックトラック　３つの方法

A社ですが、予想どおり値引き交渉がきました。あと 10%程度値引きしてほしいとのことです。どう回答するか、条件を検討したいのですが
条件を検討したいんだね
直前の語尾を返す
A社の値引き交渉についての相談だね
要約する
A社、10%か
キーワードを返す

話をしてもらいたい」という人より、「私の話を聴いてもらいたい」という人のほうが多いのです。

「はい」「ええ」「うん」などの相づちだけでも話を聴くことはできますが、バックトラックは、より強力な聴き方です。

バックトラックには、いくつかの方法があります。簡単なのは相手の直前の語尾を返す方法です。また、相手の話を要約したり、相手のキーワードを使って返すこともできます。

バックトラックは、接客の場面に限らず、相手の話を聴くことが大切な場面で特に効果的ですが、過度にすると、わざとらしくなってしまいます。特に、親しい間柄での日常的な会話でのバックトラックは不自然です。コ

ミュニケーションでは、スキルをそのまま使うのではなく、柔軟性をもって使うことが重要です。

「ペーシング」で相手に合わせる

コミュニケーションというと、言葉で行っているように思いがちですが、実際は、言葉以外の「非言語」もコミュニケーションの重要な要素です。

たとえば、笑顔とともに大きな声で「おはよう」と言われたときと、うつむき加減に小さな声で「おはよう」と言われたときとでは、受ける印象が違います。このように、私たちは非言語でもコミュニケーションをしているのです。

コミュニケーションにおいては、いろいろな要素を相手に合わせることができます。相手に合わせることを「ペーシング」(pacing)といいます。

人は、自分と似ている人、共通点の多い人に安心や親しみを感じます。ペーシングによって、ラポールを築くことができます。ペーシングには次のような方法があります。

◉姿勢などの見た目を合わせる

不動産屋さんでの接客では、お客さんは少し体を後ろにひいているのに、店員は前のめりで話をしていました。

ラポールを築くために、見た目、姿勢や身振りなどの身体の動きを合わせることができます。姿勢などの身体の動きを合わせることを「ミラーリング」(mirroring)といいます。

ミラーとは鏡のことです。鏡映しのように、身体の動きを相手に合わせるのがミラーリングです。

たとえば、背筋を立てているか、前に傾けているか、後ろに傾けているか、椅子に浅く座っているか深く座っているか、手はひざの上にあるか机の上にあるか、といった点を相手に合わせます。また、うなずきの深さやタイミングなどを相手と合わせることもできます。

ラポールは、無意識レベルで同調している状態ですが、姿勢や身振りは無意識的なものです。無意識的な要素を合わせるミラーリングは、効果的にラポールを築く方法です。

ミラーリングはモノマネとは違います。人は、話をするときに身振りや手振りを使いますが、その身振りや手振りをそっくりそのままマネするのではありません。

ラポールは、相手が安心して話をしやすい状態です。自分が相手からモノマネされていると気づくと、馬鹿にされているように感じたり、操作的に感じたりしてしまいます。コミュニケーションをしている人同士の姿勢が合うのは、自然なことです。仲のよい二人が会話を楽しんでいるところを見ると、自然に同じ姿勢になっています。片方が飲み物を手にすると、もう一人も飲み物を手にします。

そういう状態をつくっていくのがミラーリングです。

◉話し方を合わせる

不動産屋さんでの接客では、お客さんがゆったりした口調で言葉を濁しているのに、店員は早口で話をしていました。

店員は、お客さんと同じように、ゆったりした口調で話すほうが、よいコミュニケーションになります。

声の大きさ、速さ、トーン、テンポなどを合わせるのも、ラポールを築くのに効果的なのです。

◉その他の要素を合わせる

ページングでは、姿勢などの見た目や話し方以外にも、次のように、相手に合わせられる要素があります。

相手に合わせる要素を増やせば増やすほど、ラポールを築きやすくなります。

・**言葉**：使う言葉を相手に合わせることができます。「新築のお部屋」を「新築物件」と言い換えるのは、言葉を合わせていない例です。

・**呼吸**：呼吸のテンポや深さを合わせることができます。

・**感情**：感情の強さや起伏を合わせることができます。相手が真剣に話しているのに、軽い気持ちで聞いていては、ラポールは築けません。

「ページング」から「リーディング」へ

コミュニケーションの目的は、望ましい状態を実現することです。

望ましい状態を実現するために、相手を導くことを「リーディング」(leading) といいます。

リーディングの前にはラポールが必要

十分にペーシングをすることで、ラポールが築けると、効果的にリーディングすることができるようになります。

コミュニケーションは社交ダンスのようなものです。最初は相手に合わせ、相手と自分が合ってきたら、次第に自分がリードしていくのです。

ラポールが築けていないのにリーディングしようとしても、うまくはいきません。相手のために話をしていても、相手の理解が得られないことがあります。

そうしたときに、論理的に説得したり熱意をもって話したりしても、うまくはいかないものです。

人は論理だけでは動かないし、熱意だけで

ラポールを築きやすいコミュニケーション

一人暮らしなんですが、
このあたりで新築のお部屋を
探しているんですが…
バックトラック
一人暮らし用の
新築のお部屋ですね
話し方の
ページング
見た目のページング
（ミラーリング）

言語も非言語も相手に合わせていく

も動きません。

そのようなときは、論理に誤りがあるわけでも、熱意が足りないわけでもなく、ラポールがないのです。

ラポールが築けていないときにリーディングをすると、相手はさらに心を閉ざしてしまい、リーディングがより難しくなります。

リーディングがうまくいかないときに必要なことは、さらなるリーディングではなく、ページングです。

不動産屋さんで、店員がお客さんにバックトラックをしながら、ページングしてリーディングすると、次のようなやりとりになります。

「一人暮らしなんですが、このあたりで新築のお部屋を探しているんですが……」

お客さんが少し体を後ろにひいてゆったりした口調で話をしているので、店員もそれに合わせて、少し体を後ろにひいてゆったりした口調で話をします。

「一人暮らし用の新築のお部屋ですね」

「そうなんです。ただ、まだどんなお部屋があるのかとか全然知らないので、こだわりがあるわけではないんです。やっぱり新築のほうがきれいですよね」

「そうですね。新築のほうがきれいですね。その分、家賃も高めになりますが」

「そうですよね。新築がいいですが、条件によっては、築年数が浅い物件も考えてみたいです。駅から多少離れても、きれいな物件がいいです」

「では、お調べしてみますので、資料をご覧になりますか？」

「ええ、ぜひお願いします」


「人の心はパラシュートのようなもの。開かなければ使えない」

オズボーン

相手の状態を見極める

キャリブレーション

非言語の情報を観察する

私たちは、楽しいときは笑顔になりますし、困ったときは首をかしげます。

人は、身振りや表情などの非言語によって自分の状態を表しているのです。

逆にいうと、**非言語の情報を観察することで、その人の状態を見分けることができます。**

これを「キャリブレーション」といいます。

キャリブレーションによって、楽しんでいる、困っている、理解している、満足している、不安を感じている、怒っている、ラポールが築けているなど、相手の状態を見分けることができます。

キャリブレーション（calibration）は、本来は「計器の目盛りを定める」という意味で

非言語の情報が手掛かりとなる

す。単なる観察ではなく、観察を通して相手の状態を見分けるのがキャリブレーションです。

たとえば、初対面で、最初は腕組みをして話を聞いていた人が、次第にうちとけて腕をおろして話を聞くようになったとします。この場合は、腕組みの有無がラポールの手掛かりになります。

話をしているうちに、ふたたび腕組みをするようになったら、ラポールがなくなってきていると判断することができます。

コミュニケーションではラポールが大切ですが、相手が「ラポールが築けました」「ラポールがなくなりました」などと言葉で教えてくれることはありません。キャリブレーションによって、ラポールが築けているかどうか判断することが大切です。

キャリブレーションは先入観ではない

キャリブレーションは憶測や先入観とは違います。

たとえば、楽しいときは笑顔になる人が多いものですが、すべての人がそうだとは限りません。人によっては、笑顔を見せずに楽しいと感じる人もいます。そうした人であっても、よく観察すると、楽しいときはうなずきが多くなり、つまらないときはよそ見が増えるなど、状態を示す手掛かりがあります。

手掛かりは、人によって違います。手掛かりを見つけて相手の状態を判断するのがキャリブレーションです。

手掛かりには、見てわかる情報、聞いてわかる情報、感じてわかる情報があります。

◉見てわかる情報

体の角度や姿勢、手の動き、足の動き、腕組み、足組み、頭の角度、うなずき、表情、

顔の向き、顔の筋肉、顔色、まばたき、目線、涙腺、口の形、皮膚の色、汗など

◉聞いてわかる情報

声の大きさ、スピード、高さ、テンポ、口数など

◉感じてわかる情報

体温、匂い、握手をしたときの感覚など

「元気」と言っていても元気とは限らない

キャリブレーションは、誰もが日常的に行っていることです。

ふだんと比べて顔色が悪い人をみて「大丈夫？」などと声をかけたり、いつもと違う話し方から嘘をついているのがわかったりすることがあります。これらはキャリブレーションの一例です。

キャリブレーションのスキルを高めると、よりよいコミュニケーションをすることができ

きるようになります。

相手が言葉にしていない状態を見分けるだけでなく、言葉にしているのとは違う状態を見分けることもできます。

たとえば、言葉では「元気です」と言っていても、実際は元気ではないことがあります。キャリブレーションのスキルが低いと、言葉どおりに受け止めて「それなら頑張って」と言ってしまうかもしれませんが、キャリブレーションのスキルが高いと「少し休んだら」などと気づかうこともできます。

ほかにも、「怒ってないよ」と言っているのに怒っている、「楽しい」と言っているのにつまらない、「わかりました」と言っているのに納得していない、「大丈夫」と言っているのに限界にきている、などは、言葉と本当の状態が一致していないケースとしてよくあるものです。

キャリブレーションの手掛かりは非言語の情報ですが、非言語の反応のほとんどは無意識的に起きるものであり、言葉よりも本当の状態が表れやすいのです。

キャリブレーションのスキルを高めれば高めるほど、より細かくて正確な目盛りを持てるようになり、微妙な違いを見分けることができるようになります。

キャリブレーションのスキルは、非言語の情報に注意をはらって日常のコミュニケーションをすることや、そのための練習をすることによって、高めることができます。

WORK

キャリブレーション力を高める

友人に協力してもらって行います。

❶ 友人に好きな人と一緒にいる場面を想像してもらい、あなたは友人の非言語の情報を観察します。

❷ 友人に嫌いな人と一緒にいる場面を想像してもらい、あなたは友人の非言語の情報を観察します。

❸ 友人にどちらかの人と一緒にいる場面を黙って想像してもらいます。あなたは非言語の情報を手掛かりに、友人がどちらの人と一緒にいるのか当ててみます。

五感の使い方は人によって違う

表象システム

人には〝利き感覚〟がある

いま、海辺にいるところを想像してみてください。あたかも、自分が海辺にいるように、いま、ここで体験してみます。どのような体験でしょうか?

このとき、目で見えることを中心に思い浮かべる人がいます。たとえば、「青い海面が遠くまで広がり、水平線の上には、青空と白い雲が見えます」という人です。

また、耳で聞こえることを中心に思い浮かべる人がいます。たとえば、「波の音が聞こえてきます。カモメの鳴き声も聞こえます」という人です。

そして、体で感じることを中心に思い浮かべる人がいます。たとえば、「潮風が頬にあたり、解放感が体に広がります」という人です。

五感と“利き感覚”

視覚
聴覚
体感覚
（触覚／嗅覚／味覚）
海辺にいるところを想像すると……
青い海面／青空
／白い雲／…
波の音／カモメの
鳴き声／…
潮風が頬に
／解放感が体に／…
視覚優位
聴覚優位
体感覚優位

人は、視覚、聴覚、触覚、嗅覚、味覚といった五感を使いますが、五感の使い方は人によって違います。

海辺にいるところを体験しているとき、五感のすべてを使っているはずですが、五感を均等に使っているわけではありません。優先的に使う感覚は人によって違います。手に利き手があるように、感覚にも〝利き感覚〟があるのです。

NLPでは、視覚、聴覚、触覚、嗅覚、味覚の五感のことを、「表象システム」（または「代表システム」）といいます。このうち、触覚、嗅覚、味覚を合わせたものを「体《たい》感覚」といいます。

そして、表象システムのうち、優先的に使っているものを「優位表象システム」といいます。優位表象システムは人によって違います。

自分が海にいるところを想像したとき、おもに「青い海面」など視覚情報を思い浮かべたなら視覚優位、おもに「波の打つ音」など聴覚情報を思い浮かべたなら聴覚優位、おもに「潮風が頬にあたる」など体感覚情報を思い浮かべたなら体感覚優位です。

「優位表象システム」とコミュニケーション

今度は、「とても大切な人から、笑顔とともにきれいなプレゼントをもらい、『愛してる』と耳元でささやかれ、ぎゅっと抱きしめられる」という場面を想像してみてください。

このとき、自分は愛されていると感じることができることと思います。

「笑顔とともにきれいなプレゼントをもらう」というのは視覚、「『愛してる』と耳元でささやかれる」のは聴覚、「ぎゅっと抱きしめられる」のは体感覚です。

それでは、この中であなたにとって一番大切なものはどれでしょう？

愛されていると感じるために必要なもの、これがないと愛されていると感じることがで

優位表象システムを合わせないと、伝わりにくい

視覚優位
愛されている
視覚優位
愛されていない…
聴覚優位
愛されていない…
体感覚優位

きないものは、視覚、聴覚、体感覚のうち、どれでしょう？

「笑顔とともにきれいなプレゼントをもらう」という視覚が重要な人は、**視覚優位**です。

「『愛してる』と耳元でささやかれる」という聴覚が重要な人は、**聴覚優位**です。

「ぎゅっと抱きしめられる」という体感覚が重要な人は、**体感覚優位**です。

優位表象システムは、人によって違います。愛し合う二人の優位表象システムが同じであれば、愛を表現する表象システムと、愛を感じる表象システムが一致しやすくなります。

しかし、二人の優位表象システムが異なると、自分が愛を表現しているのに、相手は愛を感じられないということが起こりがちです。

これは、愛がないのではありません。愛の表現方法が違うだけなのです。

このように、人とコミュニケーションをするときは、相手の優位表象システムを知り、それに合わせることが重要です。

「優位表象システム」を見分けるには

相手の優位表象システムに合ったコミュニケーションをするためには、相手の優位表象システムを見分ける必要があります。

◉視覚優位の人の特徴

視覚優位の人は、映像を思い浮かべながら話します。映像は言葉よりも情報量が多いため、多くのことを言葉で表現しようとして、早口になります。また、話が飛ぶこともよくあります。視線は上を向くことが多く、思い浮かべている映像を表すような手振りが多くなります。

そして、「見える」「イメージ」といった視覚に関する表現をよく使います。

相手の話し方に注目する

視覚優位
- 映像を思い浮かべながら話す
- 早口で話が飛ぶ

聴覚優位
- 論理立てて話す
- 耳やあごに手をやることが多い

体感覚優位
- 体で感じながら話す
- ゆっくり話す

◉聴覚優位の人の特徴

聴覚優位の人は、言葉を大切にして話します。そのため、理論立てて話すことが多いのが特徴です。視線は横を向くことが多く、耳やあごに手をやることが多くなります。

そして、「聞こえる」「リズム」といった聴覚に関する表現をよく使います。

◉体感覚優位の人の特徴

体感覚優位の人は、体で感じながら話します。感情豊かで、ゆっくりと話すのが特徴です。視線は下を向くことが多く、感覚を表現するような手振りが多くなります。

そして、「感じる」「感覚」といった体感覚に関する表現をよく使います。

言葉の使い方に違いが表れる

優位表象システムによって、よく使う言葉に違いがみられます。**優位表象システムによって異なる使い方をされる言葉のことを「叙述語《じょじゅつご》」と呼び、次のようなものがあります。**

視覚優位
見る
描く
映す
目に入る
注目する
観察する
照らす
反映する
イメージ

聴覚優位
聞く
言う
説明する
論じる
呼ぶ
耳にする
響く
テンポ
リズム

体感覚優位
感じる
触る
押す
緊張する
安心する
腑に落ちる
頭に入る
感覚
気持ち

見通し
視野
ビジョン
先行き
右肩上がり
見解
場面
明るい
大きい
鮮明な
明確な
まぶしい
遠い
キラキラ
ピカピカ

ハーモニー
声
音
発言
雑音
うるさい
騒がしい
静かな
リズミカルな
単調な
（声・音などが）大きい
シーンとした
ガヤガヤ
ざわざわ
どたばた

味
香り
温度
プレッシャー
緊張
重い
温かい
つかみどころがない
おいしい
しっくりする
きつい
ずっしり
ソフトな
ふわふわ
イライラ

相手の「優位表象システム」に合わせる

優位表象システムが同じ人同士では、スムーズなコミュニケーションになりやすくなります。

視覚優位の人同士であれば、お互い早口で、話が飛ぶのも気になりません。

聴覚優位の人同士であれば、お互い理論立てて話をすることが気になりません。

体感覚優位の人同士であれば、お互いゆっくり話をするのが気になりません。

一方、優位表象システムが違う人同士で話をすると、コミュニケーション・ギャップが起こりやすくなります。

優位表象システムの違いは単なる違いにすぎず、優劣ではありません。しかし、優位表象システムの違う人のことを劣っていると感じやすいので、注意が必要です。**優位表象システムが自分とは異なることもある、と知ったうえで、相手の優位表象システムの特徴に合わせたコミュニケーションをとると、より豊かな人間関係を築きやすくなります。**

そのためには、まず、優位表象システムの違う相手から、あなたは次のように思われる傾向があることを知っておくといいでしょう。

あなたが視覚優位

話を聞かない
話が飛ぶ
テンポが速い
会いたがる

あなたが聴覚優位

話が長い
理屈が多い
矛盾を指摘する
電話で済ます

あなたが体感覚優位

直感的すぎる
感情に浸る
テンポが遅い
ボディタッチが多い

そして、相手の優位表象システムに応じて次のような点に注意すると、よいコミュニケーションになりやすくなります。

相手が視覚優位

速いテンポで話す
図やグラフを使う
見せて示す
きれいな場所で話す

相手が聴覚優位

論理的に説明する
データや数字を使う
言葉をていねいに使う
静かな場所で話す

相手が体感覚優位

感情的な表現を使う
体験してもらう
触れてもらう
ゆっくりしたテンポで話す

状況によって変わりうる

優位表象システムは人の分類ではありません。たとえば、同じ人であっても、仕事の場面では聴覚優位で、プライベートの場面では体感覚優位といったように、状況によって優先的に使う表象システムが異なる場合もあります。

優位表象システムは、ある状況において優先的に使っている表象システムがある、ということを示すにすぎません。自分の優位表象システム、そして、あまり使っていない表象システムを知ることは、自分の可能性を広げることにつながります。

あまり使っていない表象システムは、自分の思考や行動を制限しているかもしれません。また、異なる優位表象システムの人との人間関係でトラブルが起きやすいかもしれません。

あまり使っていない表象システムを意識的に使うことで、その表象システムを発達させれば、自分の思考や行動の幅が広がり、コミュニケーションで柔軟性が高まります。

自分と異なる優位表象システムの人とのコミュニケーションには、苦手意識を持つ人も多いのですが、そういう人ともスムーズにコミュニケーションがとれると、人間関係の幅が広がります。苦手な人ほど、自分の成長のためのリソースなのです。

COLUMN

なぜ、力士のインタビューはぎこちないのか？

優位表象システムは、職業とも関連しています。

たとえば、アナウンサーには聴覚優位の人が多く、相撲の力士には体感覚優位の人が多いです。

アナウンサーが力士にインタビューするとぎこちなくなることがあります。これは、アナウンサーが聴覚優位のコミュニケーションをして、力士が体感覚優位のコミュニケーションをするからです。

「取り組み前は、親方からは何か言われましたか？」

「はい……、えー……、取り組み前は……、集中していこうと……」

「今日の一番は、あっという間でしたね」

「はい……、全力でむかっていこうと……、えー……」

「ファンの方に一言お願いします」

「はい……、うれしいです……。ありがとうございました」

目の動きでわかる
アイ・アクセシング・キュー

「目は口ほどにものを言う」といいますが、使っている表象システムは視線（目の動き）にも表れます。**ＮＬＰでは、視線に表れる表象システムの手掛かりを「アイ・アクセシング・キュー」（eye accessing cue）と呼びます。**これは、視線を観察することで、相手がいまどんな表象システムを使っているのかを知ろうとするものです。

◉視線が右上（本人にとって左上）

図の①のように、相手の目があなたから見て右上（本人にとって左上）に動いているとき、その人は**「記憶された視覚」**にアクセスしています。**実際に見たことがあるイメージを思い出している**のです。

たとえば、「子供のころ家にあったテレビは、どのくらいの大きさでしたか？」「昨日は何色の服を着ていましたか？」などという質問をすると、①の方向に向きます。

相手の視線を観察する

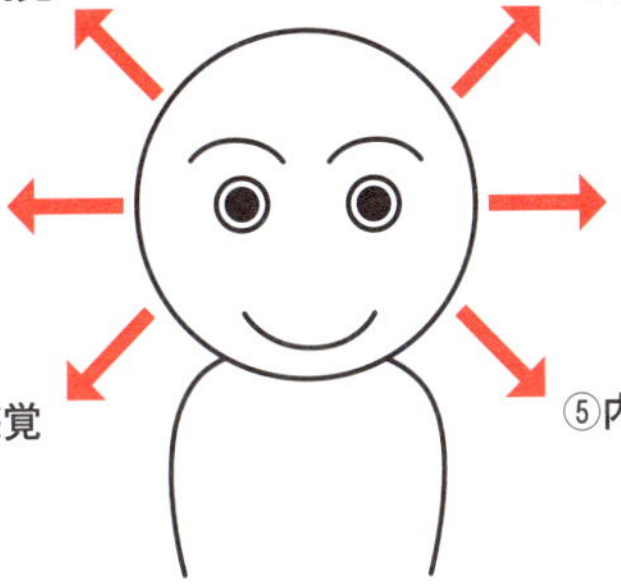

＊左利きの人は、左右逆のパターンになることが多いです

◉視線が左上（本人にとって右上）

図の②のように、相手の目があなたから見て左上（本人にとって右上）に動いているとき、その人は**「創造された視覚」**にアクセスしています。**実際に見たことがないイメージをつくりあげているのです。**

たとえば、「あなたの部屋の大きさが2倍になったら、どのように模様替えしますか？」「10年後の携帯電話がどんなデザインになっているか、イメージしてください」などという質問をすると、②の方向に動きます。

◉視線が右横（本人にとって左横）

図の③のように、相手の目があなたから見て右横（本人にとって左横）に動いているとき、その人は**「記憶された聴覚」**にアクセスしています。**実際に聞いたことがある音や声を思い出しているのです**。

たとえば、「小学校か中学校の校歌のメロディーを聞いてください」「子供のころ、親からよく言われた言葉はどういう言葉ですか?」などという質問をすると、③の方向に動きます。

◉視線が左横（本人にとって右横）

図の④のように、相手の目があなたから見て左横（本人にとって右横）に動いているとき、その人は**「創造された聴覚」**にアクセスしています。**実際に聞いたことがない音や声をつくりあげているのです**。

たとえば、「いつもの友達から電話です。声の高さとスピードが2倍です。どんな声ですか?」「犬が日本語を話せるとしたら、どんな話し方になるでしょう?」などという質問をすると、④の方向に動きます。

◉視線が右下（本人にとって左下）

図の⑤のように、相手の目があなたから見て右下（本人にとって左下）に動いているとき、その人は**「内部対話」**にアクセスしています。内部対話とは、**声に出さずに自分の心の中で話をしている**ことをいいます。

たとえば、「『今日も失敗してしまった』と心の中で3回つぶやいてみてください」「自分を励ますとき、あなたは自分にどのような声をかけますか？」などという質問をすると、⑤の方向に動きます。

◉視線が左下（本人にとって右下）

図の⑥のように、相手の目があなたから見て左下（本人にとって右下）に動いているとき、その人は**「体感覚」**にアクセスしています。**触覚・味覚・嗅覚を使ったり、感情を感じたりしているのです。**

たとえば、「体の中に重い感じがあるとしたら、どの辺で一番重さを感じますか？」「砂浜をはだしで歩くと、足の裏はどんな感じですか？」などという質問をすると、⑥の方向に動きます。

目の動きは、表象システムを知る手掛かりであって、決めつけではありません。このとおりには動かないこともあります。そうした場合でも、ランダムに動くのではなく、その人特有の動きのパターンを持っているのが普通です。

なお、視覚・聴覚の右左の区別は、過去と未来ではなく、記憶と創造です。「来年はグランドキャニオンを見に行きたいな……」と相手が言っているときは、相手の目はあなたから見て右上（本人にとって左上）に動くことが多いでしょう。それは、未来のことでも、本やテレビなどで実際に見たことのある記憶のイメージにアクセスしているからなのです。

相手の嘘を見抜く

アイ・アクセシング・キューによって、相手の使っている表象システムがわかると、コミュニケーションにそれを生かすことができます。

たとえば、相手があなたから見て左下（本人にとって右下）を見ているときは、体感覚を使っていると考えられます。何かを感じているので、それを言葉にするのに時間がかかるかもしれません。そのようなときは、相手の言葉をゆっくり待つといいでしょう。

記憶と創造の違いも目の動きでわかります。

妻「仕事、忙しそうね」

夫「そうなんだよ。（妻から向かって右上を見て）昨日も朝からずっと会議だったんだよ」

妻「夜まで？」

夫「（妻から向かって左上を見て）夜は、取引先の接待で……」

夫の視線は、妻から向かって右上が記憶された視覚、左上が創造された視覚です。朝からの会議については本当であっても、夜の取引先の接待は嘘かもしれません。

また、相手の優位表象システム（↓64ページ）を見分ける手掛かりにもなります。視覚優位の人は視線が上に、聴覚優位の人は視線が横に、体感覚優位の人は視線が下に向くことが多くなります。

目を動かして、別の表象システムにアクセス

下を向いてダメなら…　▶　上を向いてみる

自分の目を動かす

ある会社で会議が行われています。企画アイデアを出す会議なのですが、なかなかアイデアが出ません。議長はイライラして「誰か、いいアイデアはないのか！」と声をあげます。出席者は全員、下を向いて、言葉を発しません。

これは会議の一場面ですが、下を向いているときは、内部対話や体感覚にアクセスしやすくなります。つまり、このとき出席者は「アイデアなんて出ないよ……」などと内部対話をしながら、体が重くなる感覚を感じたりしているのです。

アイデアを出そうと思ったら、自分の右上

を見て創造された視覚にアクセスするほうが効果的です。
　また、英単語のスペルを記憶するためには、自分の左上を見て記憶された視覚にアクセスするのが効果的です。英単語は、発音とスペルが一致しないため、声を出してスペルを記憶するのは難しいのです。左上を見ながら、スペルの映像を思い浮かべると、効果的に英単語を記憶することができます。
　このように、自分の目を特定の方向に動かすことで特定の表象システムにアクセスしやすくなります。

「上を見続ける……それが生きるコツさ」

スヌーピー

Part 3

人とうまく関わる

前のPART 2では、人の心を開くためのスキルをご紹介しました。

このPART 3も、引き続き、他人とのコミュニケーションに役立つスキルです。人とうまく関わるためのスキルとして、人の気づきを促すスキルや、人間関係に問題が起きたときに役立つスキルをご紹介していきます。

質問で気づきをうながす

メタモデル

「頼みごとを断れない」という人に何と言うか？

美紀さん（32歳）は、中堅メーカーの総務部に勤めるOLです。

今日は、1年に1度の高校時代のクラブ活動の同窓会にやってきました。久しぶりに会った高校時代の友達と盛り上がっています。

「美紀は最近、仕事はどう？」

「相変わらず、単調な毎日。でも、ちょっと忙しくなってきたかな。雑用が多くて」

「美紀は、雑用とか、頼まれやすそうだもんね」

「うん。人から物事を頼まれると断れなくて。そういうのって、本当は私の仕事じゃないことも多いんだけど。忙しいときに頼まれると、大変だな……」

「そうなの？　自分の仕事じゃないなら、断ればいいのに」

「そうかもしれないけど、やっぱり、頼まれると断れないんだよね。せっかく頼んでくれたのに申し訳なくて」

「自分の仕事じゃないんでしょ？　『ちょっと忙しいんで』って言えばいいじゃない」

「そうなんだけどね……」


「忙しくても、人から物事を頼まれると断れない」という美紀さん。

美紀さんの友達は、「断ればいいのに」とか、「『ちょっと忙しいんで』って言えばいいじゃない」などと言っていますが、美紀さんは納得しない様子です。

美紀さんの友達にとっては断るのは普通のことのようですが、美紀さんはそうではありません。美紀さんは友達から「断ればいいのに」と言われて、「断れないから困っている」「わかってくれない」と感じていることでしょう。自分にとって普通のことと、他人にとって普通のことは同じではありません。

人とのコミュニケーションでは、相手を尊重することが大切です。「断れない」という人に「断ればいいのに」と言うのは、相手を否定してしまっているようなものです。

もちろん、美紀さんの友達は、美紀さんを否定しようとして言っているのではないと思いますが、コミュニケーションの意味は、受け取る反応にあります（➡27ページ）。自分では相手を否定しようとしていなくても、相手が否定されたと感じてしまうのであれば、よいコミュニケーションではありません。

人のためを思ってアドバイスをしてあげたのに、感謝されないどころか反発された、という経験はありませんか？　アドバイスは、人を傷つけることもあるのです。

「人から物事を頼まれると断れない」というように、自分で自分を制限しているときに役立つのは、他人からのアドバイスではなく、自らの気づきです。そして、自らの気づきのためには、質問が役に立ちます。

アドバイスではなく質問をする

高校時代のクラブ活動で美紀さんの先輩だった大輔君。美紀さんを見つけ、話しかけます。

「美紀さん、久しぶり。元気？」

「お久しぶりです。元気ですけど、相変わらずですよ。単調な毎日で」

美紀さんは、仕事の状況などを説明して、話を続けます。

「最近は、ちょっと忙しくなってきました。さっきも話していたんですが、雑用が多いんですよ」

「そうなんだ」

「本当は私の仕事ではないのに、仕事を頼まれることがあるんです。忙しくないときはいいんですが……。頼まれると断れないから、忙しいときは大変です」

「断るとどうなるの？」

「えっ……。そうですね。私が断ると、たぶん、その仕事は他の人にいくと思います……。あまり忙しくない人もいますから……」

「それで？」

「私が忙しいときに中途半端にやるより、そのほうがいいですね。断らないのが相手のためと思っていましたが、断るのが相手のためになるときもありますね」

「頼まれると断れない」という美紀さんに対して、大輔君は「断るとどうなるの？」という質問をしました。それによって、美紀さんは「断るのが相手のためになることもある」ということに気づきました。

「人から物事を頼まれると断れない」という制限にしばられるのは窮屈です。質問によって、その制限から自由になることができます。

質問によって情報を回復する

私たちは、言葉を使ってコミュニケーションをしますが、言葉は不完全です。脳の中にある情報が言葉になる過程で、省略・歪曲・一般化といった変形が起きます。そして、省略・歪曲・一般化された情報は、質問によって回復することができます。これを「メタモデル」といいます。

メタモデル（meta model）の「メタ」は、「～について」「上位の」という意味です。私たちはさまざまなことを言葉で表現しますが、その言葉についてモデル化したものがメタモデルです。

メタモデルは、NLPで最初に開発されたモデルです。NLPの創始者であるリチャー

アドバイスよりもメタモデルの質問

アドバイスは相手を否定してしまうこともある ▶ メタモデルの質問で相手に気づきが生まれる

ド・バンドラーとジョン・グリンダーは、成果をあげている心理療法家である、ゲシュタルト療法のフリッツ・パールズと家族療法のバージニア・サティアを研究しました。

そして、成果をあげている心理療法家は、クライアントの問題の原因についての情報を集めるのではなく、クライアントの省略・歪曲・一般化された情報を取り戻している、ということを見いだしました。**情報が不適切に省略・歪曲・一般化されたときに問題が起きるのです。**

メタモデルの質問によって、省略・歪曲・一般化された情報を回復することで、問題解決に向かうことができます。

メタモデル①――「省略」からの回復

会社で仕事をしているとき、同僚が外出から帰ってくるなり「大変だ！」と声をあげたら、どうしますか？

まずは、「どうしたの？」「何があったの？」と質問するでしょう。「大変だ！」という言葉には何が大変なのか情報が省略されています。そして、何が大変なのかわからなかったら、何もすることができません。

言葉で表現されたものは、多くの情報が省略されています。

「不安です」「話し下手なんです」「このままでは駄目だ」「混乱しています」「変化がありません」というような言葉は、大切な情報が抜け落ちているように感じられるのではないでしょうか。メタモデルの質問することで、省略された情報を回復することができます。

◉単純削除

例「不安です」→「何が不安なのですか？」

「不安です」という言葉には、何について不安なのかが省略されています。こうした場合、

「何が不安なのですか？」と質問することができます。

何が不安なのかがわかることで、不安がやわらいだり、不安を減らすための選択肢を持てるようになります。

質問例「具体的に何が？」「何を？」

◉比較削除

例「話し下手なんです」→「誰と比べて話し下手なのですか？」

「話し下手なんです」という言葉には、比較の対象が省略されています。こうした場合、「誰と比べて話し下手なのですか？」と質問することができます。

人は、比較の対象が意識化されないまま、否定的な評価をして落ち込んだり、やる気をなくすことがあります。

否定的な評価をしているときは、無意識で自分より優れている人と比べているものです。たとえば、テレビで活躍する芸人と比べて話し下手だというのは適切でしょうか？　自分より優れた人と比べれば、自分が劣っているのは当然のことです。

質問例「何と比べて？」「誰と比べて？」

◉不特定指示詞

例 「このままでは駄目だ」→「このままというのは具体的に何のことですか?」

「このままでは駄目だ」という言葉は、「このまま」という指示詞の具体的な内容が省略されています。こうした場合、「このままというのは具体的に何のことですか?」と質問することができます。

質問例 「具体的に何ですか?」「誰ですか?」

何が駄目なのかが明確にならなければ、どうしていいかもわかりません。

◉不特定動詞

例 「混乱しています」→「どのように混乱しているのですか?」

「混乱しています」という言葉は、具体的にどのように混乱しているのかが省略されています。こうした場合、「どのように混乱しているのですか?」と質問することができます。

質問例 「具体的にどのように?」

メタモデルで回復するもの

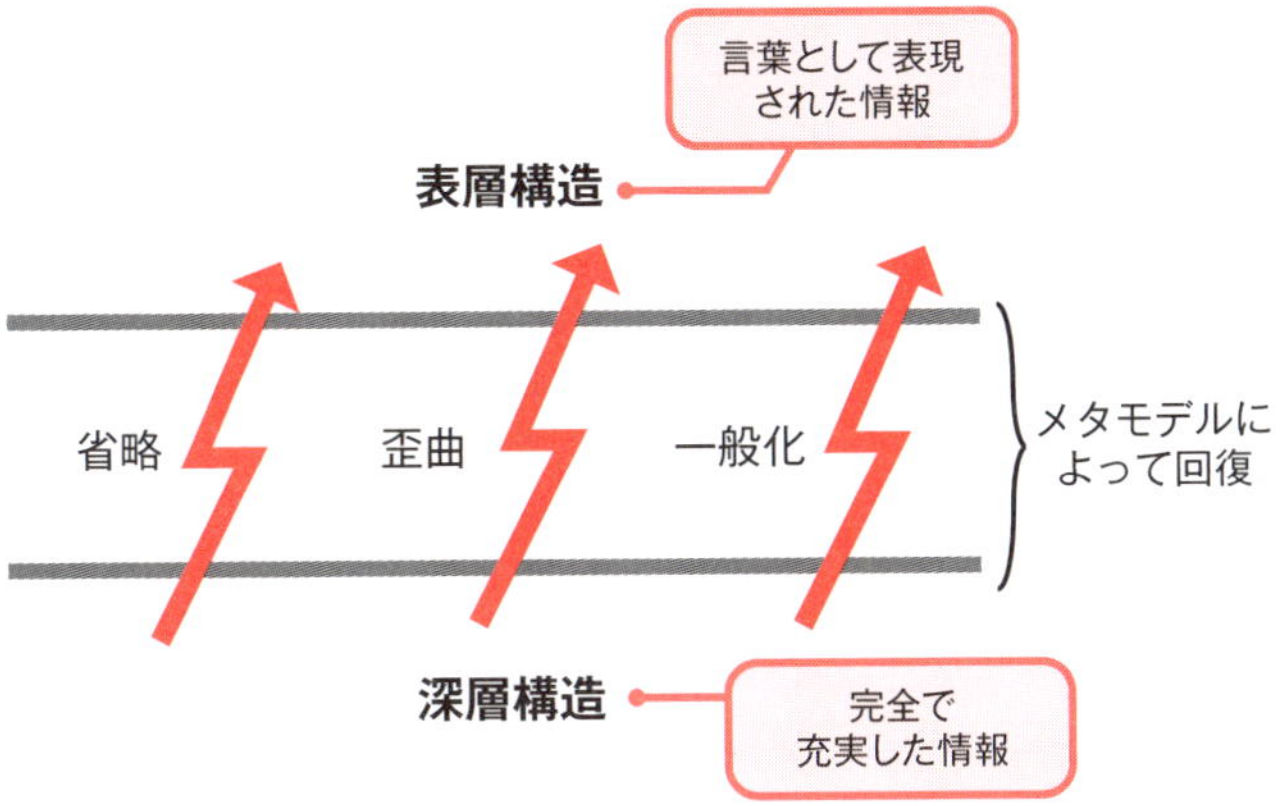
言葉として表現された情報
表層構造
省略
歪曲
一般化
メタモデルによって回復
深層構造
完全で充実した情報

◉名詞化

例「変化がありません」→「何がどのように変化していないのですか？」

「変化がありません」という言葉の「変化」は、「変化する」という動詞が名詞化されたものです。名詞を動詞に戻して、「何がどのように変化していないのですか？」と質問することができます。

名詞には動きがありませんが、動詞には動きがあります。名詞で考えると動かしようがないように感じられていたのが、動詞に変えると動きが感じられて選択肢がうまれやすくなります。

質問例「具体的に誰が？」「何を？」

メタモデル②――「歪曲」からの回復

つらい出来事があると「これで人生は終わりだ」と思ってしまうことがあるかもしれません。しかし、人生は終わりません。

人は現実を歪曲して、事実ではないことを事実であるかのように受け止めてしまうことがあります。

「彼が私を苦しめます」「遅刻したということは、やる気がない証拠だ」「彼は私に批判的です」「彼は、私がやってほしくないことばかりやります」「今の仕事は私には向いていません」というような言葉には、歪曲が含まれています。

質問することで、歪曲された情報を回復することができます。

◉因果関係

例「彼が私を苦しめます」→「どのようにして、彼はあなたを苦しめるのですか？」

因果関係は、あること（X）が、別のこと（Y）の原因となっているという関係（X→Y）です。

「彼が私を苦しめます」という言葉では、彼が私の苦しみの原因となっていますが、人は他人の感情を直接コントロールすることができません。「どのようにして、彼はあなたを苦しめるのですか？」と質問することで、歪曲に気づくことができます。

質問例 「どのようにしてXがYの原因となるのですか？」

◉複合等価

例 「遅刻したということは、やる気がない証拠だ」→「どのようにして、遅刻したことは、やる気がないことの証拠になるのですか？」

複合等価は、あること（X）が、別のこと（Y）を意味するという関係（X＝Y）です。「遅刻したということは、やる気がない証拠だ」という言葉では、遅刻という行動と、やる気がないという状態が同じものとされていますが、行動と状態は次元が違うものです。「どのようにして、遅刻したことは、やる気がないことの証拠になるのですか？」と質問することで、歪曲に気づくことができます。

質問例 「どのようにしてXはYを意味しますか？」

◉読心術（マインド・リーディング）

読心術は、人の心の中がわかるというもので、２種類あります。

例「彼は私に批判的です」→「どのようにして、そうわかるのですか？」

「彼は私に批判的です」という言葉では、他人の心の中がわかっているように表現されていますが、他人の心の中はわかりません。

質問例「どのようにして、それがわかりますか？」

例「彼は、私がやってほしくないことばかりやります」→「どのようにして、彼はあなたのやってほしくないことがわかるのですか？」

「彼は、私がやってほしくないことばかりやります」という言葉では、彼が話し手の心の中をわかっているように表現されていますが、他人の心の中はわかりません。

質問例「どのようにして（他人は）それがわかりますか？」

◉判断

例「今の仕事は私には向いていません」→「それは誰が言ったのですか？」

「今の仕事は私には向いていません」という言葉では、誰の判断なのかが示されていません。単なる可能性の一つにすぎないのに、事実であるかのように表現されているときは、判断基準を質問することで、必ずしも事実ではないことに気づくことがあります。

質問例 「誰が言ったのですか？」「誰によると？」

メタモデル③──「一般化」からの回復

何かを相談して1人に反対され、別のもう1人にも反対されると、「みんなに反対された」と思いがちです。人は、1回または数回の経験を一般化して、他のすべてにもあてはめようとします。ところが、「みんなに反対された」といっても、実際は2人に反対されただけだったりするのです。一般化して自分を制限する必要はありません。

「いつも落ち込んでいます」「もっと頑張らなくてはなりません」「自分の意見を言うことはできません」「なぜ苦しいことしか起きないんだろう？」というような言葉には、例外を認めない窮屈さを感じることでしょう。質問することで、一般化された情報を回復し、例外を見つけることができます。

◉全称限定詞

例「いつも落ち込んでいます」→「いつもですか？」

「いつも」「みんな」「誰も」「絶対」「必ず」といった例外を認めない表現です。「いつも落ち込んでいます」という言葉では、落ち込んでいるときのことを一般化しています。しかし、いつも落ち込んでいる人は、いないのです。

質問例「いつもですか？」「全員ですか？」「絶対ですか？」

◉必然性／可能性の叙法助動詞

例「もっと頑張らなくてはなりません」→「頑張らないとどうなりますか？」

「～をしなくてはならない」「～をしてはならない」というような表現を「必然性の叙法助動詞」といいます。必然性のルールを設定しています。

「もっと頑張らなくてはなりません」という言葉では、「頑張る」ことが必然的で、それ以外の選択肢がありません。「頑張らないとどうなりますか？」と質問することで、「頑張る」以外の選択肢に気づくことができます。

質問例（「～をしなくてはならない」に対して）「そうしないとどうなりますか？」

（「～をしてはならない」に対して）「そうするとどうなりますか？」

例 「自分の意見を言うことはできません」→「自分の意見を言うとどうなりますか？」

「～をできない」というような表現を「可能性の叙法助動詞」といいます。可能性のルールを設定しています。

「自分の意見を言うことはできません」という言葉では、「自分の意見を言う」という可能性がありません。「自分の意見を言うとどうなりますか？」と質問することで、「自分の意見を言う」という可能性に気づくことができます。

また、「自分の意見を言うのを止めているのは何ですか？」と質問することもできます。障害を明らかにする質問です。

ルールにしばられるのはつらいことです。社会的に守らなくてはいけないルールもありますが、自分で決めたルールにしばられる必要はありません。

質問例 「そうするとどうなりますか？」「そうするのを止めているのは何ですか？」

◉**前提**

例 「なぜ苦しいことしか起きないんだろう？」→「苦しいことしか起きないのですか？」

「なぜ苦しいことしか起きないんだろう？」という言葉では、「苦しいことしか起きない」ということが前提となっていて、それ以外の例外が認められません。「苦しいことしか起きないのですか？」、または、「どのようにして、苦しいことしか起きないとわかるのですか？」と質問することができます。

質問例 （前提を示して）「どのようにしてそうわかるのですか？」

●メタモデルでミスコミュニケーションを減らす

メタモデルは、省略・歪曲・一般化された情報を取り戻すことにより、制限に気づいたり、選択肢を増やしたりすることができるものですが、ミスコミュニケーションを減らすためにも使うことができます。

たとえば、「早くやっておいてね」と言われたら、どれぐらいでやればいいと感じるか、人によって違います。1時間の人もいれば1か月の人もいるでしょう。「早く」がどれぐ

ミスコミュニケーション防止にはメタモデル

例の件、よろしくね
例の件とはどの件のことでしょうか？
この製品は長持ちします
どれくらい長持ちしますか？
期待のもてる案件です
どのような期待がもてるんだね？
社員を大切にする会社です
どのように大切にされているんですか？

コミュニケーションでは、特に「省略」が多いことに注意

らいのことなのか、具体的な内容が省略されています。

自分にとっての「早く」と、相手にとっての「早く」の意味が違う可能性があります。そうしたときは、メタモデルの質問を使って、「早くというのは、どれぐらい早くですか？」と質問することで、具体的な内容を明確化することができます。

もちろん、「早く」という言葉で、お互いの内容が一致していれば、わざわざ質問する必要はありません。

しかし、言葉を発した人の伝えたい内容と、言葉を聞いた人が受け取った内容は、必ずしも一致するとは限りません。必要に応じてメタモデルの質問をすることは、ミスコミュニケーションを減らすために役立ちます。

メタモデルに「なぜ?」はない

「人から頼みごとをされると断れません」という人に対して、「断るとどうなりますか?」とか「いつもですか?」とか「具体的に誰からの頼みごとですか?」といった質問ができます。

このように、メタモデルの質問は何種類もありますが、その中に「なぜ」という質問はありません。メタモデルの質問は、省略・歪曲・一般化された情報を回復するものであって、原因を探るものではないからです。

「人から頼みごとをされると断れません」という人に「なぜ」という質問をすると、相手は、それ自体で、自分が責められているように感じてしまいます。

そして、「嫌われたくないからです」などと、単なる言い訳をしてしまいます。言い訳は生産的でありません。

メタモデルに「なぜ？」はない

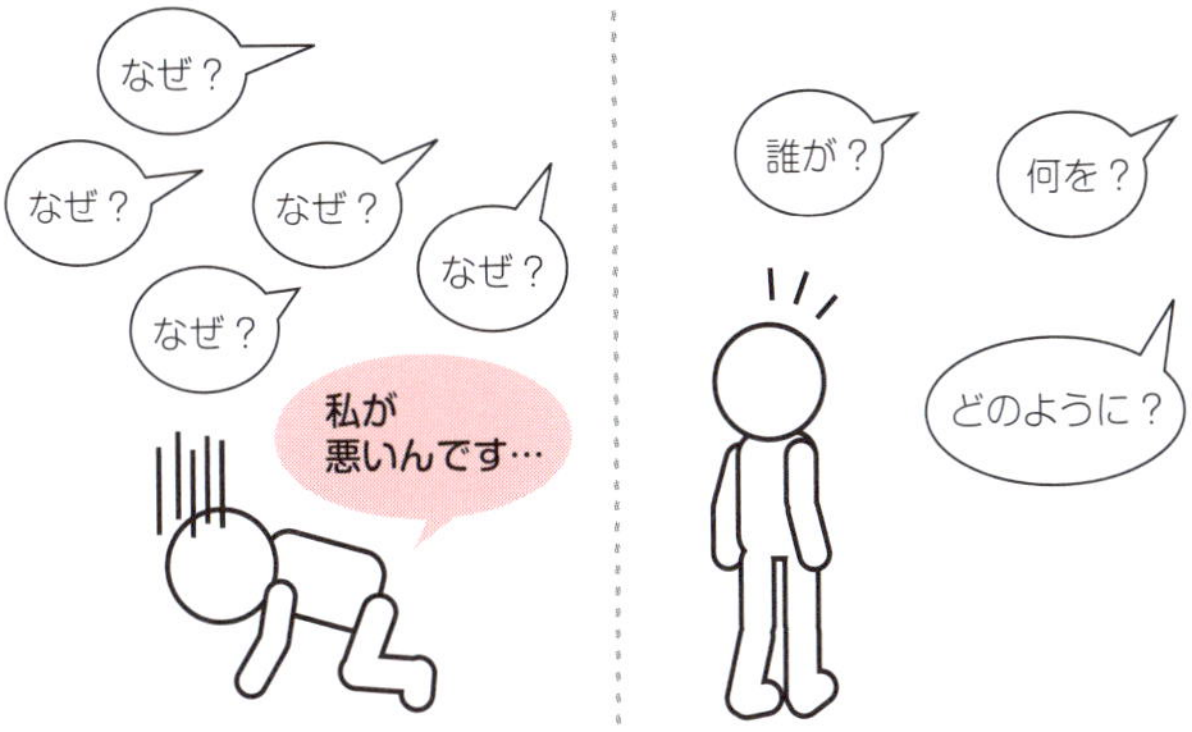
なぜ？
なぜ？
なぜ？
なぜ？
なぜ？
私が
悪いんです…
誰が？
何を？
どのように？

「なぜ？」は言い訳を
引き出してしまう

メタモデルで聞けば、
情報を回復できる

重ねて質問できる

メタモデルの質問に答えることを通して、制限を外すことができます。

「人前では、いつも緊張してしまいます」

「いつもですか？」

「いや……いつもではありません。失敗してはいけないという、大切なプレゼンのときです」

質問に答えることで、いつも緊張するわけではない、という気づきが得られました。メタモデルの質問は、1回だけで終わりにする必要はありません。1回の質問だけで十分ではないと思ったら、重ねて質問することができます。

「失敗するとどうなるのですか？」

「失敗しても、次の機会に頑張ればいいので……。失敗してはいけない、ということではないですね。そう考えると、緊張せずにプレゼンができそうです」

このように、重ねて質問をすると、さらなる気づきが得られます。

ただ、質問をするということは、相手に答えることを要求するということですから、相手には負担がかかります。不適切な質問は、役立たないだけでなく、ラポールを壊してしまいますから、注意が必要です。

メタモデルで自分に質問する

メタモデルは、対人コミュニケーションだけでなく、自分自身への質問として使うこともできます。

私たちは、声に出さずに、心の中だけで言葉を使って、内部対話をしています。否定的な内部対話をしたときは、その言葉に対して、自分で自分にメタモデルの質問をすることができます。

たとえば、「いつもうまくいかない」と内部対話をしたとき、自分で自分に「いつも？」と質問すれば、「うまくいくこともある」と気づけるかもしれません。「あいつは許せない」と内部対話したときは、自分で自分に「許すとどうなる？」と質問すれば、「気持ちが穏やかになる」と気づけるかもしれません。

自分で自分に質問することで、自分の制限を外すことができるのです。

ピンチをチャンスに変える
リフレーミング

今度は、美紀さんが先輩の大輔君に質問します。大輔君は最近、会社でプロジェクトリーダーとなりました。そのため、多忙な日々を送っています。

「大輔先輩は、最近どうですか？」

「仕事が忙しくて、大変だよ」

「そうなんですか……」

「会社でプロジェクトを任されることになって、忙しい毎日。ヘロヘロになるよ」

「それだけ充実してるんですね」

「そうだね。ありがとう」


人は、さまざまな物の見方・視点を通して、出来事を体験します。物の見方・視点のこ

リフレーミングで見方を変えると…

「嫌だ」「困った」
という気持ちから

前向きな
気持ちになれる

とを「フレーム」(frame)といい、フレームを変えることを「リフレーミング」(reframing)といいます。

「忙しい」という大輔君に対して、美紀さんは「充実している」とリフレーミングしています。その結果、大輔君は前向きな気持ちが引き出されています。

リフレーミングすることで、感情や行動が変わります。嫌だと感じていたものが、いいと感じるようになったり、やりたくないと思っていたことを、やりたいと思うようになったりするのです。コミュニケーションでは、相手を否定しないことが大切ですが、リフレーミングは相手を否定せずに新しい見方を提示できます。

リフレーミングには、「状況のリフレーミング」と「内容のリフレーミング」があります。

状況のリフレーミング

「頑固なんです」という言葉に対して、頑固であるということが役に立つ状況はどういう状況かを考えてみると、「交渉」という状況が思い当たります。そこで、「交渉では役立ちますね」とリフレーミングすることができます。

すべての行動には、その価値を生かせる状況があります。ある状況では役立たない行動であっても、別の状況では役立ちます。

このように、**役立つ状況をみつけるリフレーミングを「状況のリフレーミング」といいます。「どういうときに、この行動は役立つか?」という視点で考えます。**

状況のリフレーミングは、ほかに次のようなものがあります。

- 「おしゃべりです」→「無口な人と話すときにも困りませんね」
- 「細かいのです」→「経理の仕事が向きますね」

・「飲み過ぎます」→「接待で活躍できますね」

内容のリフレーミング

「頑固なんです」という言葉に対して、ほかにどのような意味があるか考えてみると、「意思が強いんですね」とリフレーミングすることもできます。

このように、**内容や意味を変えるリフレーミングを「内容のリフレーミング」といいます。内容のリフレーミングをするには、「ほかにどのような意味があるか？」という視点で考えます。**

内容のリフレーミングは、ほかに次のようなものがあります。

・「計画性がありません」→「柔軟性が高いんですね」
・「すぐカッとなります」→「情熱的なんですね」
・「優柔不断です」→「慎重なんですね」

リフレーミングでモチベーションを上げる

　コミュニケーションでリフレーミングを使うことで、相手によい影響を与えることができます。

　たとえば、部下が「取引先が、好き勝手なことを言ってきて手に負えません」と相談してきたら、どうしたらよいでしょうか？

「それを何とかするのが仕事だ」と言うこともできますが、それでは部下のモチベーションも上がらないでしょう。

「好き勝手言ってくるのは、それだけ信頼されてきた、ということだね」と言ったらどうでしょうか。「好き勝手な取引先」と受け止めるか、「信頼してくれている取引先」と受け止めるかで、取引先への接し方も変わるでしょう。

「それを乗り越えて、いい関係を築けるようになったら、またひとつ成長するね」と言ったらどうでしょうか。つらい体験というのは、成長の機会でもあるのです。その出来事から逃げ出したいと思っていたのが、気持ちが変わるかもしれません。**出来事自体は変わらなくても、フレームを変えると、受け止め方が変わるのです。**

リフレーミング例

意志が弱い↓柔軟性が高い
うるさい↓明るい／活発
理屈っぽい↓論理的
冷たい↓冷静／客観的
ルーズ↓おおらか
消極的↓控えめな／慎重な
いい加減↓おおらか
欠点↓持ち味
やる気がない↓充電中
失敗↓学び／貴重な経験
細かい↓よく気がつく
暗い↓落ち着いている
厳しい↓責任感がある
あきっぽい↓好奇心旺盛／チャレンジ精神がある
怒られた↓期待されている／成長している
退屈↓新しいことを始められる／余裕がある
短気↓情熱的／決断力がある
わがまま↓自分の意見を持っている
けち↓計画的／無駄遣いをしない
口が軽い↓裏表ない
自分勝手↓リーダーシップがある／頼りになる
経験がない↓斬新な発想ができる／しがらみがない
若くない↓経験がある
疑い深い↓慎重な／詐欺に遭わない
頑固↓交渉力がある／頼りになる
話し下手↓人を大切にする／安心感がある

よいリフレーミングは、よい影響を相手に与えることができるものです。ピンチをチャンスに変えて、意欲を引き出すことができます。

コミュニケーションの意味は、受け取る反応にあります。何でもリフレーミングすればいいというわけではありません。たとえば、「取引先が、好き勝手なことを言ってきて手に負えません」と言う部下に対し、「好き勝手なことを言う取引先は、自由な社風なんだね」とリフレーミングしても、望む反応は得られないでしょう。

相手と十分にラポール（↓45ページ）をとって、そのうえで、相手の役に立つフレームを提示するようなリフレーミングこそが、よいリフレーミングです。

また、リフレーミングは、ポジティブシンキングとは異なります。ポジティブシンキングでは、「取引先が何を言ってきても、前向きに頑張ろうよ」というように、時に、嫌なものを見ない、現実を否定するという考え方になることもありますが、リフレーミングは、そうではありません。現実を否定するのではなく、現実を見るためのフレームを変えるのです。

リフレーミングを自分に使う

リフレーミングは、対人コミュニケーションだけでなく、自分に対しても使うことができます。たとえば、自分の嫌いなところを一つ考えてみてください。その嫌いなところも、役に立ったことがあるはずです。それはどのような状況でしょうか？　また、嫌いなところも、別の意味があるはずです。それはどのような意味でしょうか？

たとえば、自分の消極的なところが嫌いだ、という人は、消極的なところがあるおかげで、悪意ある人が近寄ってきたときにその人と距離をとることができたかもしれませんし、また、消極的というのは一歩一歩安全に進んでいるということかもしれないのです。

嫌いなところがあるとき、それを直そうとするのも一つの方法ですが、それを受け入れるのも一つの方法です。

人は、短所だと思っていることも、リフレーミングすると、長所になります。**人には、短所の数だけ長所があるのです。**

「世の中には幸も不幸もない。ただ、考え方でどうにもなるのだ」

ウィリアム・シェイクスピア

他人の立場で考える

知覚位置

美紀さんは、会社では、総務の仕事やホームページの仕事を担当しています。最近、会社で組織変更があり、上司が変わりました。以前の上司は放任主義で自由に仕事をできたのですが、新しい上司は細かいことに口を出してくるため仕事がやりにくく感じています。

この日も、上司が細かい報告を求めてきました。

「美紀さん、今日のスケジュールで『ホームページ打ち合わせ』というのは何？」

「業者の方との打ち合わせです。組織変更の件をホームページで報告しますので」

「それって、今週中にできるんだったよね？」

「その予定だったんですが、業者の方から連絡があって、来週になりそうなんです」

「そんな話は聞いてないな」

「すみません……」

人は自分のことしか考えていない

リフレーミング（↓107ページ）によって視点を変えることで、否定的に捉えていたことを肯定的に捉えることができるようになることがありますが、人間関係でも同じようなことがあります。

人間関係で問題が起きると、多くの場合、「自分は正しい。相手が間違っている」と感じます。そして、「自分は変わる必要がない。相手が変わるべきだ」と考えてしまいます。ところが、相手は簡単には変わりません。相手も、「自分は正しい。相手が間違っている」と感じているからです。

どちらが正しいかは、視点の違いです。

状況を適切に把握し、柔軟に対応するためには、自分の視点だけでなく、自分の視点以外の視点を持つことが必要です。人によって、ものの見方は違うのです。

NLPでは、自分や相手などの視点のことを「知覚位置」といい、「第1の位置」「第2の位置」「第3の位置」があります。

3つの視点で考える

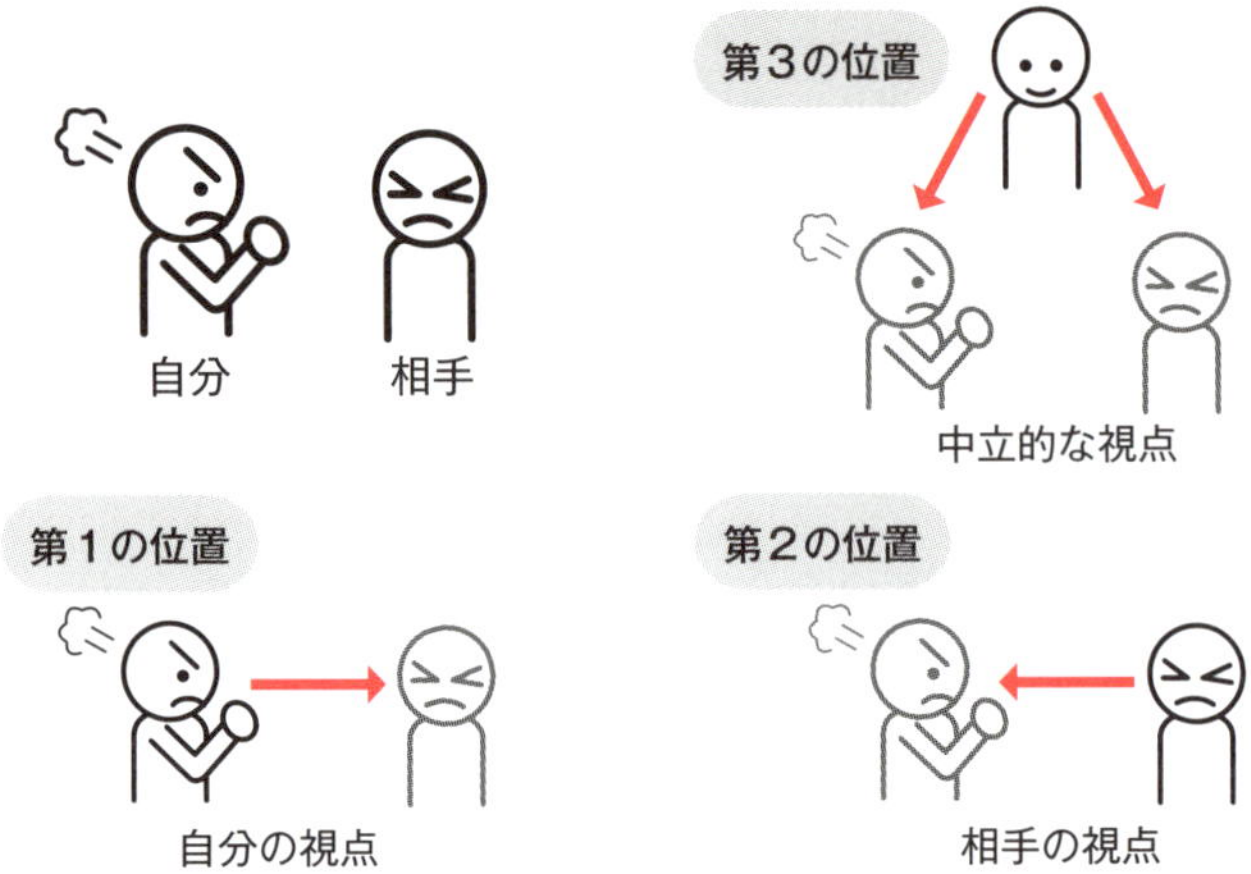

「第1の位置」は自分自身の視点です。自分の考え方を持ち、自分の感情を感じます。**「第2の位置」は相手の視点です**。あたかも、自分がその相手であるかのように、相手の考え方を持ち、相手の感情を感じます。**「第3の位置」は第三者の視点です**。自分でも相手でもない中立的・客観的な視点です。

多くの人は、第1の位置に立つ傾向が強いですが、第1の位置に立ってばかりだと、よい人間関係を築くことがなかなかできません。

また、人によっては、第2の位置に立つ傾向が強い人や第3の位置に立つ傾向が強い人もいます。第2の位置に立つ傾向が強い人は、人のためになろうとして自分を犠牲にしすぎることがあります。第3の位置に立つ傾向が強い人は、何事にも無関心で行動を起こさないことがあります。

どの知覚位置が正しいというわけではありませんが、第1の位置、第2の位置、第3の位置を柔軟に使い分けることができると、よりよい人間関係を築きやすくなります。

他人を変えるのではなく自分が変わる

知覚位置を変える体験をするスキルを「ポジション・チェンジ」といいます。

ポジション・チェンジをすると、相手の考え方や気持ちに気づいたり、中立的な視点で自分と相手との関係性に気づくことができます。

また、人間関係に問題が起きているときは、相手に原因があり、自分は被害者だと思いがちですが、相手の行動や言葉は自分にも原因があることがわかります。

人間関係は一方的な関係ではありません。相手の行動や言葉は、自分のコミュニケーションの成果です。

「認めてほしいのに、認めてくれない」「すぐに怒らないでほしい」といった悩みは、第

1の位置で起きる悩みです。自分が変わらずに、他人を変えようと思い続けている限り、問題はなくなりません。

「なぜ相手はやってくれないのか」という質問を「どのように自分が変わればよいか」という質問に変えることで、人間関係が変わります。

自分が変わらないと、相手も変わらないのです。

ポジション・チェンジで知覚位置を変える

上司との関係を改善したいと思った美紀さんは、ポジション・チェンジをやってみました。

2つの椅子を向かい合わせて、片方の椅子に座ります。そこは第1の位置です。向かい合っているもう一つの椅子には、上司が座っていることをイメージします。「そんな話は聞いてないな」などと言っている上司をありありとイメージします。そういう上司を目の前にすると、イライラ感じられます。そして、上司に対して、言いたいことを言います。

「細かいことを言わないでほしい」「いろいろ言われると、信頼されていないように感じ

ポジション・チェンジで気づきを得る

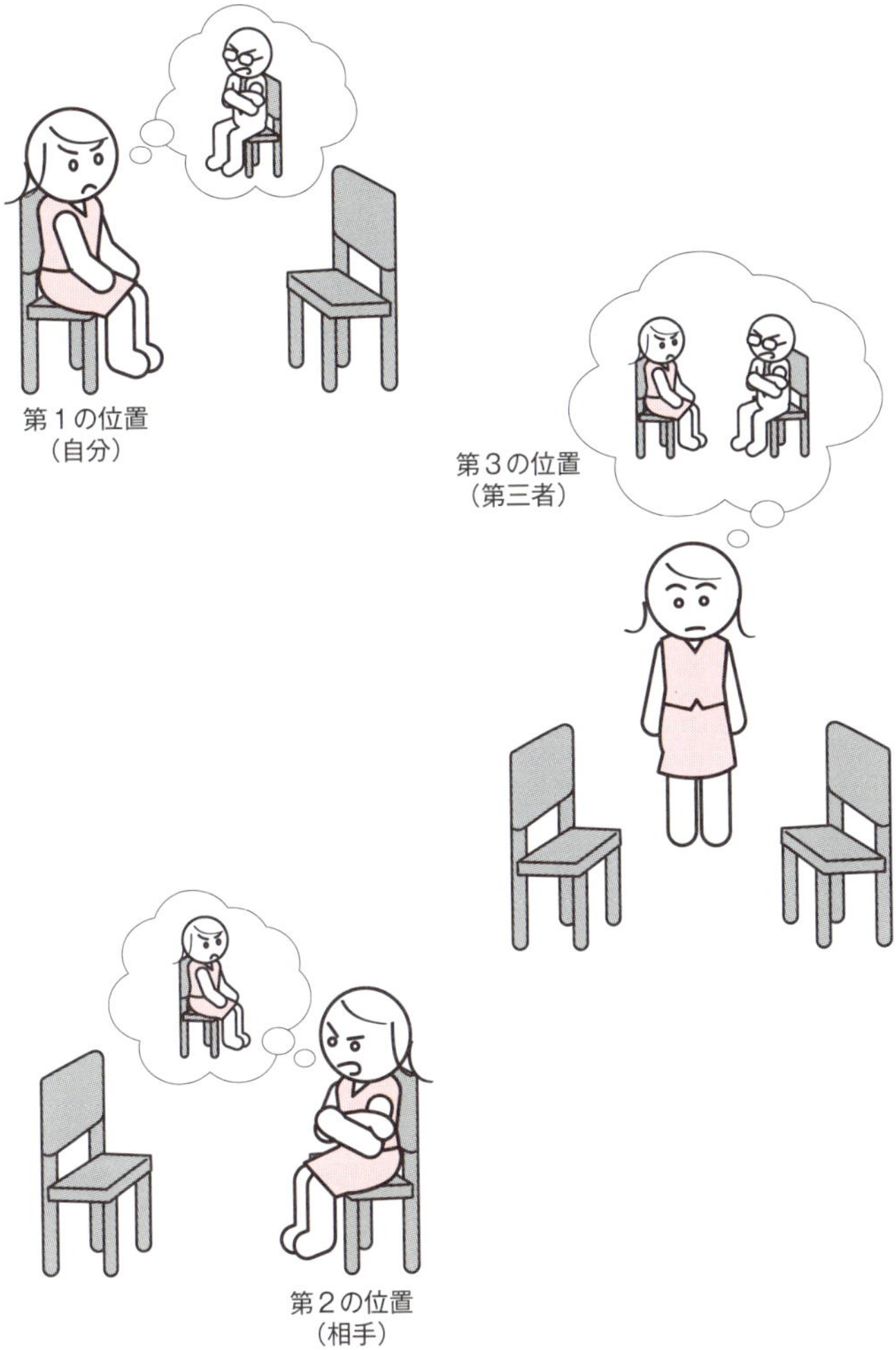
第１の位置
（自分）
第３の位置
（第三者）
第２の位置
（相手）

る」など、ふだんは上司に対して言葉にしていない気持ちも伝えます。

次に、椅子から立ち上がり、2つの椅子が見える位置に移動します。第3の位置です。深呼吸して、2人が座っているのをイメージします。

そして、さきほど上司が座っているところをイメージした椅子に座ります。第2の位置です。ここでは、上司になりきって、自分自身で上司を体験してみます。「そんな話は聞いてないいな」などと言っているとき、上司として役割を果たせないでいるもどかしさが感じられました。美紀さんが自分で仕事をすませてしまうため、部下のために何かをしたいのにどうしていいのかわからない、という気持ちがあることに気づきます。

第2の位置を十分体験したら、また、第3の位置に移動します。美紀さんも上司も、仕事の成果をあげたいという点では同じであることがわかると同時に、どちらかが接し方を変えないといい関係は望めないように感じられます。

ふたたび第1の位置に戻ります。すると、以前よりていねいに上司に接していきたいと感じられてきました。上司から何か言われた場面で、ていねいに上司の話を聞くのを想像すると、上司との関係が改善し、上司の指導を仕事に生かして気持ちよく仕事ができそうだと感じられました。

フューチャーペースで未来をリハーサル

NLPでは、ポジション・チェンジのようなワークの最後に「フューチャーペース」というステップが入っています。

フューチャーペース（future pace）とは、将来の具体的な場面で新しい行動をとっている自分を想像し、リハーサルすることです。

フューチャーペースをすることで、新しい行動が適切かどうか、テストし確認することができます。もし、フューチャーペースがうまくできなかったり、フューチャーペースをして問題が見つかったりしたときは、もう一度、最初からワークをやりなおしてみたり、別の方法を試したりしてみます。

また、フューチャーペースによって、新しい行動に慣れ親しむこともできます。フューチャーペースをすることで、将来の実際の場面でスムーズに新しい行動がとれるようになるのです。

WORK

ポジション・チェンジ

❶椅子を2つ用意して向かい合わせます。一つが第1の位置、もう一つが第2の位置です。そして、両方の椅子が見える場所を第3の位置とします。

❷苦手な人、または、関係を改善したい人（Xさん）を一人選びます。

❸第1の位置の椅子に座ります。第2の位置の椅子には、Xさんが座っているところをイメージします。Xさんに対し、言いたいことを言います。

❹第3の位置に移動して深呼吸します。第1の位置、第2の位置に2人が座っているのをイメージします。

❺第2の位置の椅子に座ります。そして、Xさんになりきります。第1の位置の椅子に座っている自分をイメージし、言いたいことを言います。

❻椅子から立ち上がり、第3の位置に移動して深呼吸します。第1の位置、第2の位置に座っている2人を見ます。

❼第1の位置の椅子に座り、今後の可能性に気づきます（フューチャーペース〈→121ページ〉）。

Part 4

人を導く

PART 2では人の心を開くためのスキル、PART 3では人とうまく関わるためのスキルをご紹介しました。

人とのコミュニケーションでは、相手に合わせること、相手を否定しないこと、相手に命令しないことが基本です。

相手に何かをやってもらいたいときや、相手の変化をサポートしたいときなど、人を導くときも、相手に合わせるのが効果的です。このPART 4では、人を導くためのスキルをご紹介していきます。

心のフィルターに合わせて話す

メタプログラム

大輔君は、会社でプロジェクトリーダーとして、忙しい日々を送っています。今日は、プロジェクトのサブリーダーとプロジェクトメンバーとの3人で打ち合わせです。プロジェクトメンバーが自分の作った資料を見せて言います。

「プロジェクトの魅力がアピールできるよう、コンセプトをわかりやすく記載しました」

これに対して、サブリーダーがコメントします。

「たしかにコンセプトはわかりやすいけど、取引条件の記載がちょっとわかりにくいね。このままだと誤解が起きやすいように思うけど」

「取引条件はシンプルなほうが、プロジェクトの魅力が伝わりやすいと思ったのですが」

「でも、やっぱり、あとでトラブルにならないようにしておいたほうがいいのでは……」

2人の話を聞いていた大輔君は、取引条件の記載を見なおしたほうがよいように感じ、次のように言いました。

「取引条件もわかりやすく載せると、プロジェクトの魅力が伝わるね」

プロジェクトメンバーは答えました。

「なるほど。コンセプトと取引条件を関連づけて記載すると、プロジェクトのアピールにつながりますね」

話が噛み合わない理由

私たちは、無意識でさまざまなフィルターを通して、出来事を体験しています。**こうした無意識的なフィルターのことを「メタプログラム」といいます。**メタプログラムには数多くの種類があります。

◉方向性

メタプログラムの一つである「方向性」には、目的を達成することに動機づけられる「目的志向型」と、問題を回避することに動機づけられる「問題回避型」があります。

「魅力をアピールしたい」と主張しているプロジェクトメンバーは目的志向型で、「トラブルにならないように」と主張しているサブリーダーは問題回避型です。

対人コミュニケーションでは、相手に合わせることによって、ラポール（→45ページ）を築くことができ、相手に働きかけやすくなります。**ラポールを築く方法として、見た目や話し方を合わせる方法（→50ページ）や、使っている五感を合わせる方法（→70ページ）などをご紹介してきましたが、メタプログラムも相手に合わせることができるものです。**

目的志向型の傾向が強い人には、「得られる」「手に入る」などの言葉を使うと効果的で、問題回避型の傾向が強い人には、「避ける」「解決する」などの言葉を使うと効果的です。

大輔君の会社のサブリーダーは、「あとでトラブルにならないように」と言っています。これは、問題回避型の傾向が強い人には効果的ですが、目的志向型の傾向が強いプロジェクトメンバーを動機づけることはできませんでした。

それに対し、大輔君は「プロジェクトの魅力が伝わる」と、得られるものについて話したので、プロジェクトメンバーを動機づけることができたのです。

相手のメタプログラムを知っていると…

いまこれをやっておけば、
目標達成できるよ
はい！
よし、
やろう！
目的志向型
いまこれをやっておけば、
目標未達、避けられるよ
はい！
よし、
やろう！
問題回避型

相手に届きやすい伝え方ができるようになる

◉判断基準

メタプログラムの一つに、判断するときの基準の違いである「判断基準」というものがあります。これには、自分で判断するのを好む「内的基準型」と、他者に判断してもらうのを好む「外的基準型」があります。

デジカメを買いに行った場面を想像してみてください。次の2人の店員では、どちらのほうが気持ちよく感じるでしょうか？

1人目は「機種によって、手にとった感じも違いますので、お手にとってご自由にご覧ください」と言う店員。

2人目は「こちらの商品が人気があります よ。今なら、キャンペーンでお買い得になっています」と言う店員。

Part 1 NLPとは
Part 2 人の心を開く
Part 3 人とうまく関わる
Part 4 人を導く
Part 5 行動や感情を変える
Part 6 嫌いな自分を変える
Part 7 夢をかなえる

どういう機種を買いたいのか、自分で基準をもっていれば、1人目の店員のほうが気持ちよく感じるでしょう。

また、自分に基準がなければ、2人目の店員のほうが気持ちよく感じるでしょう。

「自分ではわからない」というように外的基準型の傾向が強い人には、「〜がお勧めです」「こちらは人気があります」という言葉が効果的です。

「自分で選びたい」というように内的基準型の傾向が強い人には、「ご自由にご覧くださ い」と言うほうがいいのです。

人とコミュニケーションをする際には、相手のメタプログラムに合わせることで、効果的に働きかけることができます。

◉スコープ

上司と部下が取引先との交渉の進め方について話をしています。

「X社では、担当者は前向きなんですが、Y部長が難色を示しているようです。価格が高いとお考えのようなのですが、これ以上価格は下げられないので、オプションサービスを増やそうと思うのですが、どうでしょうか」

「なるほど。Y部長が鍵だね」

「はい。部長は、価格を気にしているようなんです。価格以上の効果がある、という説明はこれまでもしてきました。担当者によると、何らかの追加的な提案がないと、Y部長も納得しないだろうとのことです」

「何とかしてY部長にも理解してもらいたいね」

「そうなんです。ですから、オプションサービスを提案すれば、考えてくれるのではないかと思うのですが……」


上司と部下の2人は、意見に違いがあるわけではありませんが、部下は詳細な話をして、上司は全体像を話しているため、コミュニケーションギャップが起きています。

これは、メタプログラムの「スコープ」（scope）の違いです。部下が詳細な情報を扱うのを好む「詳細型」であるのに対し、上司は全体像を扱うのを好む「全体型」なのです。

コミュニケーションギャップを避けるには、相手のメタプログラムに合わせることです。

詳細型の傾向が強い人には、「具体的には～」「正確には～」などの言葉を使うと効果的です。全体型の傾向が強い人には、「ポイントは〜」「一般的には〜」などの言葉を使うと効果的です。

そのほかの代表的なメタプログラム

これまで、「方向性」「判断基準」「スコープ」という3つのメタプログラムをご紹介しましたが、ほかにも数多くの種類があります。たとえば、次のようなものです。

◉**主体性**
主体行動型：考えずに自分から行動する。「いますぐ」などの言葉が効果的。
反映分析型：周りに反応して分析する。「検討する」などの言葉が効果的。

◉**選択理由**
オプション型：選択肢を増やすのを好む。「いろいろ」などの言葉が効果的。
プロセス型：決められた手順を好む。「正しい方法」などの言葉が効果的。

◉ストレス反応
感情型：ストレスに感情的に反応する。「すごい」などの言葉が効果的。
冷静型：ストレスに冷静に反応する。「客観的に」などの言葉が効果的。

◉連携
個人型：自分で責任を持つことを好む。「一人で」などの言葉が効果的。
チーム型：チームで働くことを好む。「一緒に」などの言葉が効果的。

メタプログラムは善悪の基準ではない

メタプログラムは一般に「○○型」と表現されることが多いため、この本でもそれにならいましたが、メタプログラムは、人をタイプ分けするためのものではありません。
たとえば、方向性には、目的志向型と問題回避型がありますが、どちらかに分類できるものではなく、傾向があるにすぎません。また、状況によっても異なります。仕事においては目的志向型の傾向が強い人が、家庭では問題回避型の傾向が強いことがあります。

ＮＬＰでは、人を分類したり、レッテルを貼ったりすることはありません。人は、固定的ではなく、柔軟で自由です。メタプログラムは変えることができるのです。人とのコミュニケーションでは、相手のメタプログラムに合わせることで、影響力が高まります。

人とのコミュニケーション以外の場面でも、メタプログラムを変えることで成果をあげやすくなることがあります。たとえば、目標ばかりに目がいってうまくいかないなら問題に目を向けてみたり、逆に、問題ばかりに目がいってうまくいかないなら目標に目を向けてみるのです。

メタプログラムは、善悪の基準ではありません。どのメタプログラムも、価値があり役立つ状況があるのです。

COLUMN

自分の人生の専門家になる

メタプログラムの判断基準は、その分野の専門性、成熟度と関連しています。

何かを新しく始めるときは、通常は、外的基準型の傾向が強くなります。初めてデジカメを買うときは、詳しい友人や店員のアドバイスに頼る人が多いものです。

その分野での専門性が高まり、成熟度が高まると、次第に内的基準型の傾向が強くなります。どういうデジカメが自分にあっているか、自分でわかるようになります。

だから、通常、初心者のお客さんが多いお店では、オススメ商品を案内するとよく、専門家のお客さんが多いお店では、自由に選んでもらうようにするとよいということになります。

さて、それでは、「自分の人生」についてはどうでしょうか。人は、自分が生まれたばかりのときは、自分の人生について、知らないことばかりで、外的基準型です。親や先生、そして、世間の物差しにしたがいます。

自分の人生について成熟すると、内的基準型になります。自分の人生の専門家になるのです。そのとき、自分の人生を自分で決めるようになるのです。

あなたの人生は、外的基準型でしょうか？　内的基準型でしょうか？

無意識のリソースを引き出す

ミルトンモデル

ミルトンモデルとは

あなたは、これまで、とても頑張ってきました。
また、多くのことを乗り越えてきました。
だから、これからも、どのようなことがあっても、乗り越えていけるのです。
そして、さらに大きな可能性が広がるでしょう。

この文章を読んで、どのように感じたでしょうか？　何か肯定的な感覚が感じられたのではないかと思います。
この文章には、抽象的な表現が多く使われています。たとえば、「とても頑張ってきました」という表現では、具体的に何を頑張ってきたのかが示されていません。読み手が、自分で自由に意味を解釈することができるため、抵抗が起きにくく文章を受け入れやすくなっています。

NLPでは、こうした抽象的な表現が体系化されています。催眠療法家のミルトン・エリクソンの言葉の使い方をモデル化したもので、「ミルトンモデル」といいます。

催眠とトランス

催眠というと、テレビで見られるような催眠ショーや催眠術のことを思い浮かべる人も多いのですが、それは催眠の一つにすぎません。

催眠とは、「トランス」に導く技術のことです。トランスとは、外部に対する注意が低下している状態です。

眠りから目覚めた直後にぼーっとしているときや、仕事に集中していて周りの物音に気づかないときはトランスの状態です。トランスは日常的に誰もが体験しているものです。

人は、外部に対して注意を払っているときは、判断、批判、警戒、分析といった意識の機能を使います。この状態は抵抗や反発が起きやすい状態です。一方、**トランスでは、こうした意識の機能が低下し、メッセージをそのまま受け入れやすくなります。**

催眠術や催眠ショーでも催眠術師の言葉をそのまま被験者が受け入れます。これをみて、催眠にかかると催眠術師に思いのままに操られるという印象を持つ人もいますが、トランスで他人から操作されて自分の望まないことをやらされることはありません。催眠ショーでステージにあがる人は自らあがる人ですし、トランスの間も自分が何をしているか気づいています。

トランスでは、意識の壁が取り除かれます。意識で自分を制限しているものから自由になります。そして、無意識にある多くのリソースにアクセスできるようになります。催眠は、望ましい変化を起こすために用いられるのです。

ミルトンモデルを日常でも使う

ミルトンモデルは、トランスに導くための言葉の使い方ですが、催眠療法の場面に限らず、日常的にも使うことができます。

こんな励まし方もミルトンモデル

キミがよく頑張ってくれてるっていうことは、みんなわかってるんだよ
ありがとうございます！
やっぱり、みんながわかってくれてるんだ…（ウルウル）
抽象的で曖昧な表現なので、話し手は聞き手のことをあまり知らなくてもこうしたことは言える
聞き手は自分に都合よく自由に解釈し、感極まっている

たとえば、上司から仕事を頼まれたとき、「この仕事は、きっと将来役に立つね」と言われたら、やる気が出てくることと思います。

飲食店のメニューに「素材を厳選して、心をこめて作った料理」と書かれていたら、おいしそうな料理のように感じられてきます。

いずれもミルトンモデルの抽象的な表現です。言葉の受け手が、自由に解釈することができ、受け入れやすくなっているのです。ミルトンモデルを使うと、人に対して効果的に働きかけることができます。

ミルトンモデルには、「逆メタモデル」「前提」「間接的誘導パターン」「メタファー」があります。

ミルトンモデル①——逆メタモデル

ミルトンモデルの1つ目は「逆メタモデル」です。逆メタモデルは、省略・歪曲・一般化する表現です。メタモデル（↓88ページ）は、省略・歪曲・一般化された情報を回復し具体化するものでした。これとちょうど逆の関係にあるため「逆メタモデル」といいます。

具体的な表現を使うと、聞き手は判断や批判をし、抵抗や反発が起きやすくなります。それに対し、抽象的な表現を使うと、聞き手は判断や批判をすることなく、メッセージをそのまま受け入れやすくなります。

◉情報の「省略」

情報を省略した表現です。具体的な内容がはっきりせず、相手は自由に解釈することができます。

- **単純削除**：単純に具体的な内容を省略した表現。

例「やりがいのある仕事です」「品質は大丈夫です」「明るい未来が開けます」

- **比較削除**：比較の対象を省略した表現。

例「お買い得です」「最高のサービスです」「簡単です」

・**不特定指示詞**：具体的な内容が特定されていない指示詞。

例「多くの人に人気です」「いつか役立ちます」「こんな感じがよさそうです」

・**不特定動詞**：具体的な内容が特定されていない動詞。

例「がんばってきたんですね」「応援しています」「うまくいくでしょう」

・**名詞化**：動詞が名詞化された表現。

例「仕事では信頼が大切です」「こだわりの新商品です」「愛と喜びを感じます」

◉情報の「歪曲」

必ずしも事実ではなくても、あたかも事実であるかのように表現したものです。

・**因果関係**：何か（X）が何か（Y）の原因となっている（X→Y）という表現。実際は因果関係がなくても、実際に起きていることをXとして表現することで、Yに導くことができます。たとえば、天気のいい日に「今日は天気がいいので、楽しく過ごせますね」と言うと、楽しく過ごせるように感じられます。

例「呼吸に意識を向けると、さらにリラックスします」「私も本気ですので、安心してください」

・**複合等価**：何か（X）が何か（Y）を意味する（X＝Y）という表現。実際に起きていることをXとして表現することで、Yという意味をもたせることができます。たとえば、本を読んでいる人に、「本を読んでいるのは、向上心がある証拠ですね」と言うと、相手は自分に向上心があるように感じられます。

例「ここに来たということは、変化が始まったということです」「壁を感じるのは、乗り越える準備ができたということです」

・**読心術（マインド・リーディング）**：他人の心の中をあらわす表現。本来、他人の心の中はわかりませんが、自分の心の中のことを言われると、自分の心の中に注意が向かうとともに、わかってくれているという感覚が生まれます。

例「興味をお持ちですね」「難しいと感じていますね」「気分が落ち着いてきます」

・**判断**：誰がそのように判断したのか判断基準が示されていない表現。あたかも事実であるかのように受け止められます。

例「やればできます」「この仕事は、あなたに向いています」「リラックスするのはよいことです」

◉情報の「一般化」

本来は例外があるものでも、例外を認めずに一般化して表現したものです。相手の制限を外したり力づけになります。

- **全称限定詞**：「常に」「いつでも」「誰でも」など、例外がないような表現。

例「誰もが気づかずに成長しています」「いつでも歓迎します」「すべての経験は意味あることです」

- **必然性／可能性の叙法助動詞**：「しなければならない」「しなくてもいい」など必然性の表現や、「できる」など可能性をみとめる許容的な表現。

例「無理に頑張らなくても構いません」「チャンスをつかまなくてはなりません」「追加でご注文いただくこともできます」

- **前提**：さらにパターンが類型化されているため、次の項目で説明します。

ミルトンモデル②——前提

ミルトンモデルの2つ目は「前提」です。前提は、表現の中に自分が相手に望む反応を前提条件として組み込んでしまっているものです。相手に選択肢を与えているようでいて、相手がどの選択肢を選んだとしても、自分の望む反応を得ようとするものです。

- **時の従属節**：「〜しながら」「〜の前に」「〜の後に」「〜している間」「〜のとき」といった表現。たとえば、「契約してください」と言うかわりに「ご契約の前に、確認されたいことはございますか？」と言うと、相手は、確認したいことがあるかどうかを考えます。どちらであっても、契約することが前提となっています。

例 「トランスから出た後に、忘れてしまうかもしれません」

- **序数**：「最初の」「次に」「もうひとつの」「2番目の」というように順序をあらわす表現。たとえば、「最初は、難しいと感じていませんか？」と言うと、相手は、難しいと感じているかどうかを考えますが、次がある、次は違うということが前提となっています。

例「最後には、どういう意味かわかるでしょう」

- **「または」や「あるいは」**：「または」「あるいは」「それとも」といった表現。どちらかであることが前提とされます。たとえば、「参加しますか？」と言うかわりに「最初から参加しますか？　あるいは、遅れて参加しますか？」と言うと、相手は、最初からか遅れてかを考えますが、どちらであっても参加することが前提となっています。

例「現金、または、カードのどちらでお支払いされますか？」

- **意識の叙述語**：「〜に気づいている（いない）」「〜を理解している（いない）」「〜を知っている（いない）」といった表現。たとえば、「これはお買い得です」と言うかわりに、「これはお買い得だということを知っていますか？」と言うと、相手は、知っているかいないか、ということを考えますが、どちらであってもお買い得だということが前提となっています。

例「あなたにとって意味ある体験だった、ということに気づいていないのですね」

- **副詞と形容詞**：副詞または形容詞を用いて、主要な文章が前提になる表現。たとえば、「リラックスできますか？」と言うかわりに、「深くリラックスできますか？」と言うと、相手は、深くできるかどうかを考えます。どちらであっても、リラックスすることが前提となっています。

例「すぐ取り組んでもらえませんか?」

- **時の変化の動詞と副詞**:「始める」「終わる」「続ける」「まだ」といった表現。たとえば、「興味を持ってください」と言うかわりに、「興味を持ち続けてください」と言うと、相手は、持ち続けるか持ち続けないかを考えますが、どちらであっても、いま興味を持っていることが前提となっています。

例「まだ集中していますか?」

- **注釈の形容詞と副詞**:「運よく」「必然的に」「幸運にも」というように文章を注釈する表現。その後に続く文章全体が前提になります。たとえば、「トランスに入っていきます」と言うかわりに、「必然的に、トランスに入っていきます」と言うと、相手は必然的かどうかを考えますが、どちらであっても、トランスに入っていくことが前提となっています。

例「運よく、うまくいきそうです」

ミルトンモデル③——間接的誘導パターン

ミルトンモデルの３つ目は「間接的誘導パターン」です。

トランスは、外部に対する注意が低下している状態です。トランスに導くためには、意識的な判断が起きないことが必要ですが、「～してください」という直接的な指示の表現では、意識的な判断が起きて、抵抗が起きやすくなります。

間接的誘導パターンは、「～してください」という直接的な指示の表現を使わずに、間接的に誘導する表現方法です。

- **埋め込まれた命令**：大きい文の構造の中に指示や命令を埋め込む表現。たとえば、「将来のことを想像してください」という表現は、直接的な指示であり抵抗が起きやすくなります。これを「～はいいことです」という文章の中に埋め込んで、「将来のことを想像してみるのはいいことです」という表現にすると、ゆるやかになって抵抗が起きにくくなります。「～し始めます」「～と思っています」「～はいいことです」「～に興味があります」などの表現があります。

例「いま決めていただければ、と思っています」

・**アナログ・マーキング**：身振りや手振り、声の大きさやトーンなどの非言語によって、メッセージを区別する表現。たとえば、「おいしいものを食べると『元気を出そう』という気持ちになります」と言うとき、「元気を出そう」という部分だけ、ガッツポーズをまじえたり、前後に間を空けたり、声を大きくしたりします。すると、この部分が他の部分と区別されます。聞き手は、意識的には単に「おいしいものを食べると元気を出そうという気持ちになります」という文章として理解するかもしれませんが、無意識的には「元気を出そう」と言われたように受け取ります。

例「『静かにしてください』と言われたことがあります」

・**埋め込まれた質問**：大きい文の構造の中に質問を埋め込む表現。直接質問するよりもゆるやかになります。たとえば、「何を食べたいのかな？」という質問を「～と思っています」という文章の中に埋め込んで「何を食べたいのかな、と思っています」と言うと、相手はその質問の答えをさがしてしまいます。

例「あなたはどれぐらいがんばってきたのでしょうか、私にはわかりません」

・**否定命令**：否定文による命令の表現。否定文を理解するためには、一度肯定文で理解して、それを取り消す必要があります。たとえば「明るい未来を想像しないでください」と言うと、相手は、この文章を理解するために明るい未来を想像します。この結果、「明るい未来を想像してください」と言うのと同じ効果が生まれます。

例「すぐに決めないでください」

- **会話的要求**：「～できますか？」「～はわかりますか？」など、はい・いいえで答えられる疑問文の形で何かを要求する表現。直接「～してください」と言うより、抵抗が起きにくくなります。たとえば、「いま何時かわかりますか？」という表現は、はい・いいえで答えることのできる質問ですが、相手は「はい、わかります」と答えるのではなく、「○時です」というように答えます。

例「うまくいったときのことを話していただくことはできますか？」

- **曖昧さ**：一つの文章や単語が複数の意味を持つ表現。曖昧な表現を使うと、聞き手は混乱します。このとき、内面に注意が向かい、トランス に導かれます

①**音韻的な曖昧さ**：同じ音で、2つの意味にとれる言葉を使った表現。たとえば「問題をはなすことができます」と言うと、「問題を話すことができます」と「問題を放すことができます」の2つの意味でとることができます。

②**構文的な曖昧さ**：文法的に異なる意味でとれる表現。たとえば、「理解されなくても変化は起こせます」と言うと、「理解しなくても」の敬語的表現と「理解してもらえなくても」の2つの意味でとることができます。

③**範囲の曖昧さ**：形容詞などがどこまで掛っているのかが曖昧な表現。たとえば、「リラックスすると体験が豊かになることに気づきます」と言うと、「リラックスすると体験が豊かになる」「リラックスすると気づきます」の2つの意味でとることができます。

④**句読点の曖昧さ**：句読点の位置が曖昧な表現で、ある言葉が一つの文章の終わりであると同時に、別の文章の始まりとなっているような表現。たとえば、「呼吸は深くリラックスします」という表現では、「呼吸は深く」という文章と「深くリラックスします」という文章が一つになっています。

ミルトンモデル④──メタファー

ミルトンモデルの4つ目は「メタファー」です。メタファーは、たとえのことです。

直接的ではない表現であるため、意識的な抵抗が起きにくく、メッセージが無意識に届きやすくなります。

・**選択的な制限違反**：定義上、その特質をもつことができない属性です。たとえば、「空気が味方しています」という表現では、空気は味方になることはできませんので、どのようなことを意味するのか、無意識でその意味を探します。

例「山頂があなたを待っています」

・**引用**：第三者の言葉としてメッセージを伝える表現。メッセージの責任を負うことなく、メッセージを伝えることができます。たとえば、「迷ったらやってみるべきだ」と直接伝えると抵抗が起きるようなとき、引用の形で「会社の上司から『迷ったらやってみるべきだ』と言われたことがありました」と言うと、抵抗をおさえることができます。

例「お客様からはよく『本当においしいです』と言っていただいております」

広告で使うミルトンモデル

抽象的な表現は多くの人にあてはまります。そのため、**ミルトンモデルは、プレゼンテーション、講演、広告など、一対多のコミュニケーションで使うのも効果的です。**

たとえば、講演では、「今日は熱心な方々にお集まりいただき、ありがとうございます」「リラックスしながら、楽しんでいただければと思います」といった表現がよく用いられます。

政治家も、「国民のために、全力を尽くします」という表現をよく使います。

商品の広告では「高機能にして低価格。人気の新商品」、映画の広告では「世界中が涙。注目を集める感動作」、宿泊施設の広告では「最高のおもてなしで心温まるひとときを」などといった表現が使われます。

抽象度を高めるほど、多くの人から受け入れられやすくなります。

ただ、言葉の意味は受け取る人によって違うので、注意も必要です。「最高のおもてなし」と聞くと、自分の体験から「最高のおもてなし」の意味を解釈して、それを期待します。しかし、その体験は人によって違います。自分が期待したものが得られないと、裏切られたように感じてしまいます。

ミルトンモデルとメタモデル

コミュニケーションにおいて、相手がミルトンモデルを使っているときは、メタモデル（↓88ページ）の質問で応じることができます。

たとえば、「人気の商品です」と言われたときは、「具体的には、どのような人に人気があるのですか？」と質問することができます。

また、「今度はいつお会いしましょう？」と言われたときは、「お会いすることになっていましたか？」と質問することができます。

ミルトンモデルによって省略・歪曲・一般化された情報を、メタモデルの質問によって取り戻すことで、誤解を減らし、主体的に人と関わることができるようになります。

Part 5

行動や感情を変える

前の PART 4までは、他人とのコミュニケーションに役立つスキルをご紹介してきましたが、ここからは、自分とのコミュニケーションに役立つスキルをご紹介します。自分とのコミュニケーションによって、自己変化や自己成長することができます。

この PART 5では、自分の行動や感情を変えるスキルをご紹介していきます。五感の使い方を変えることで、行動や感情は変えることができるのです。

やり方を変えて結果を変えるストラテジー

上司が替わってストレスを感じていた美紀さん。ポジション・チェンジでていねいに上司に接するようになり、上司からの信頼が高まりました。

この上司は細かいところがあるため、美紀さんの受け取る書類も多くなります。

上司が替わる前は、あまり書類もなかったため、机の上をそのままにして帰っていたのですが、机の上が書類で散らかることが多くなってきました。

美紀さんは、片づけてから帰るようにしたいと思うようになってはいるものの、仕事が終わって散らかった机の上を見ると、片づけるのを面倒くさいと感じてしまい、そのまま帰ってしまいます。

行動パターンを変えるには

私たちは、いろいろなことをパターン化して行動します。たとえば、朝起きたら、顔を洗って歯を磨きます。会社に着いたら、鞄を置いて、パソコンの電源を入れて、メールをチェックします。このように、いつものパターンを繰り返して日々を送ります。

パターン化せずに、朝起きてから、ひとつひとつ次に何をやるか考えて行動していたら、とても大変です。パターン化のおかげで、効率的に過ごすことができます。

パターン化は効率化という意味では役立つことですが、自分にとって望ましくないことがパターン化されてしまうこともあります。望ましくないパターンを変えようと思っても、なかなか変えられないこともあります。

私たちは、パターンの結果だけに目がいきやすいのですが、結果にいたるまではプロセスがあります。

パターン化が起きているということは、同じプロセスに従うことで同じ結果を得ているということです。

パターンのプロセスを変えることで、パターンの結果を変えることができます。

プロセスは、細かくしていくと五感を使う順番になります。NLPでは、何かを達成するために使う五感の順番を、「ストラテジー」といいます。ストラテジー（strategy）は「戦略」という意味です。

私たちは、行動したり、決断したり、記憶したりするときなど、あらゆる場面でストラテジーを使っています。ストラテジーを変えることで、違う結果を得ることができます。

ストラテジーの表し方

五感は、自分の外部（external）のものに対して使うときと、自分の内部（internal）のものに対して使うときがありますが、これを区別します。

そして、次のように記号を使ってストラテジーを表します。

- **視覚（Visual）：「V」**で表します。外部のものを目で見たときは**「Ve」**、心の中でイメージを思い浮かべたときは**「Vi」**で表します。
- **聴覚（Auditory）：「A」**で表します。外部のものを耳で聞いたときは**「Ae」**、心の中で言葉や音を聞いたときは「**Ai**」で表します。「**Ai**」のなかでも、心の中の言葉（digital）を内部対話といい、「**Ad**」で表します。

- **体感覚（Kinesthetic）**：「**K**」で表します。外部のものに触ったり味やにおいを感じたときは「**Ke**」、心の中で体の感覚や感情を感じたときは「**Ki**」で表します。

整理すると次のとおりです。

視覚（V）
外部視覚（Ve）
内部視覚（Vi）

聴覚（A）
外部聴覚（Ae）
内部聴覚（Ai）
内部対話（Ad）

体感覚（K）
外部体感覚（Ke）
内部体感覚（Ki）

望ましくない結果が起きているときは、V、A、Kのいずれかを使っていないことが多いものです。ストラテジーを変えるときは、V、A、Kのすべてを使うようにしてみます。

ストラテジーを変える

美紀さんは、「机を片づけないで帰る」ということがパターン化されています。これを「机を片づけて帰る」ように変えようと思っています。

まず、机を片づけないで帰るときのストラテジーを導き出します。

美紀さんが机を片づけないで帰るときのことを思い出すと、次のようにしていました。

ちらかっている机を見る（Ve）

↓

片づけるのは面倒だと感じる（Ki）

↓

「面倒くさいな。今日は帰ろう」と心の中でつぶやく（Ad）

↓

そのままにして立ちあがって帰る

次に、望ましいストラテジーを設計します。

美紀さんは、これまでのストラテジーでは、ちらかった机を見た（Ve）あと、体感覚（Ki）と聴覚（Ad）しか使っていないことに気づきました。そこで、新たに視覚を加えてみることにしました。

ちらかっている机を見る（Ve）

←

片づけ終わった机を想像する（Vi）

←

片づけ終わった机で仕事をするときの気持ちよさを感じる（Ki）

←

「片づけちゃおう」と心の中で言う（Ad）

←

片づけはじめる

片づけ終わった机を想像する（Vi）ことで、気持ちよさを感じる（Ki）ように変えてみたわけです。美紀さんは「これなら片づけられそうだ」と感じました。

なしとげた後をイメージする

何かをなしとげる人は、一般的に、なしとげた後のことをイメージするのが上手です。スポーツ選手は、試合に勝った自分をイメージするといいます。もし、練習を始める前に、練習するときのつらさを感じたら、なかなか練習には取り組めないかもしれません。日常的な掃除・洗濯や勉強が苦手な人というのも、取り組む前から、それをやっているときのことを感じて嫌になってしまう人が多いのです。そうした人は、それをなしとげた後のこと、たとえば、掃除をしてきれいになった部屋、洗濯してきれいになった洋服、勉強して試験に合格した自分などをイメージするようにしてみると、取り組みやすくなります。

メタモデルでストラテジーを聞き出す

ストラテジーを明らかにするためには、メタモデル（→88ページ）の質問が役立ちます。

「不安になります」

「いつもですか？」

「……いつもではありませんが、不安になるときがあります」

「どのようにして、不安になるということがわかるのですか。本当は幸せかもしれないのに」

「身体が締めつけられるように感じます」

「そして？」

「『このままでは駄目だ』という声が聞こえ、身体が重くなります。そして、『どうしようもない』という声が聞こえて、もっと身体が締めつけられます」

身体が締めつけられるように感じ（Ki）、「このままでは駄目だ」という声を聞き（Ad）、身体を重く感じ（Ki）、「どうしようもない」という声を聞く（Ad）、というのが不安のストラテジーだとわかりました。

不安を感じたり落ち込んだりしているときは、このように、内部対話（Ad）と内部体感

覚（Ki）を繰り返していることが多いものです。

ストラテジーがわかればストラテジーを変えることができます。

内部対話が得意な人は、「いや、大丈夫だ」と内部対話を重ねようとしますが、ストラテジーを変えるほうが効果的です。

視覚を使っていないのですから、視覚（V）を使ってみます。内部対話を止めて、将来の魅力的な映像をイメージ（Vi）すれば、身体を締めつける感覚もなくなります。

WORK

ストラテジー

❶ 変えたい行動パターンを特定します。

❷ その行動を再体験します。

❸ 段階ごとに再現して、ストラテジーを導出します。

❹ 望ましいストラテジーを設計します。V・A・Kのすべてを使うようにします。

❺ 設計したストラテジーでうまくいくか確認します（フューチャーペース〈↓121ページ〉）。

TOTEモデル

建物の中に入ろうと入口まで来たら、扉が閉まっています。そこで、扉を押したものの開きません。扉を引いてみると開きました。そして、建物の中に入ることができました。

このようなアプローチを「TOTE《トート》モデル」といい、NLPでの目標達成のための基本的な考え方となっています。

TOTEは、TEST（テスト）→OPERATE（作業）→TEST（テスト）→EXIT（出口）の頭文字をとったものです。

①TEST（テスト）：現在の状態が望ましい状態になっているかを判断します。

②OPERATE（作業）：現在の状態を望ましい状態に近づけるために作業します。

③TEST（テスト）：作業の結果、現在の状態が望ましい状態になったかを判断します。もし、望ましい状態でなければ、②に戻ります。

④EXIT（出口）：望ましい状態が実現して、終了です。

TOTE モデル

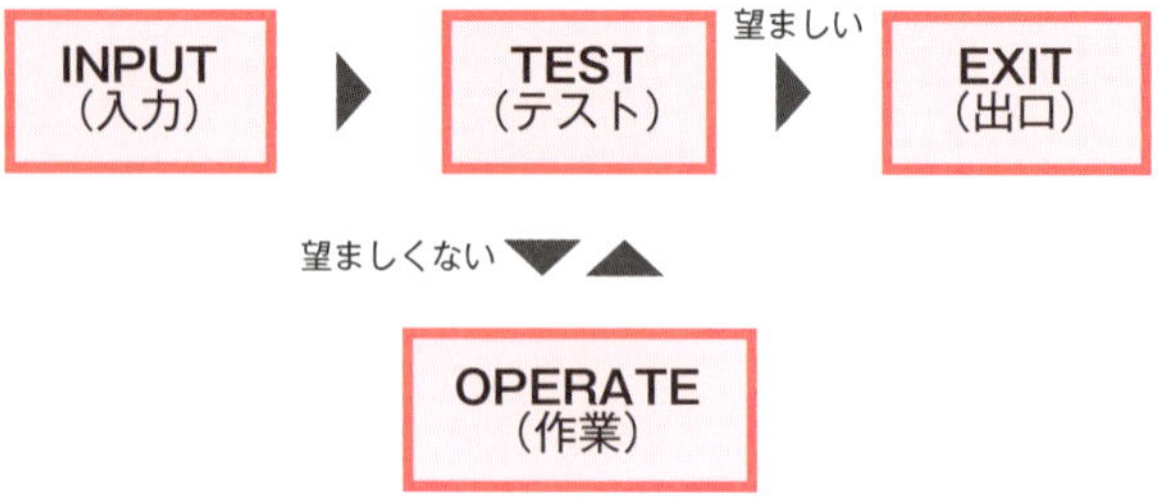

TOTE モデルは、現在の状態が望ましい状態かどうかをテストし、
そうでない場合は、そうなるまで作業をするというモデル

建物の中に入るときは、①扉が閉まっていて望ましい状態ではない。↓②扉を押してみる。↓③扉が開かず望ましい状態ではない。↓②扉を引いてみる。↓③扉が開き望ましい状態となる。↓④終了というステップで、目標を実現しました。

TOTEモデルには、失敗はありません。扉を押して開かなくても失敗ではありません。それはフィードバックとなります。うまくいかなかったら、別の作業をやってみればいいのです。

人は、やっていることがうまくいかないとき、同じ方法を繰り返してしまうことがあります。でも、同じ方法では同じ結果しか得られません。押しても開かない扉は、もう一度押しても開かないのです。

あるやり方がうまくいかなかったら、別のやり方でやるほうが、うまくいく確率が高まります。押して駄目なら引いてみるのです。

また、TOTEモデルでは、原因分析をしません。なぜ扉を押しても開かないのか分析しても、目標達成には近づきません。原因分析のすべてが無意味だというわけではありませんが、大切なのは、目標を実現するための方法です。


「同じことを繰り返しながら、違う結果を望むこと、それを狂気という」

アインシュタイン

自分の状態をコントロールする

アンカリング

大輔君は勉強熱心です。プロジェクトを進めていくうえで役立ちそうな知識を増やすため、家にも資料を持ち帰り、勉強するようにしました。

ところが、家ではなかなか集中できず、エンジンがかかるのに時間がかかりがちです。すぐに集中できるようになりたいと感じています。


梅干しを見ていると、すっぱい感覚がわきおこり、自然に唾液が出てきます。

「仰げば尊し」のメロディーを聞くと、いや、「仰げば尊し」という曲名を聞くだけでも、卒業式が頭に浮かびます。

このように、何らかの刺激が引き金となって、特定の反応が起きることはよくあります。

刺激と反応の組み合わせはパターン化されるのです。

理想の状態になる

刺激と反応の組み合わせは、自然にできるものもありますが、意図的に作り出すこともできます。**刺激と反応の組み合わせを作ることを「アンカリング」（anchoring）といいます**。

アンカリングは自分の中にスイッチを作るようなものです。アンカリングによって、勉強するときは集中力のある状態、人前で話すときは自信のある状態というように、いつでも自分の理想の状態になることができます。

バッターボックスで特定のしぐさをすることによって集中力の高い状態を作り出すプロ野球選手がいますが、これもアンカリングの一例です。

特定の反応を起こす引き金となる刺激のことを「アンカー」（anchor）といいます。アンカーは「碇《いかり》」という意味です。碇をおろしたときのように、自分の状態が固定されるものです。

視覚、聴覚、体感覚といった五感の刺激がアンカーになります。

刺激と反応の組み合わせを作る

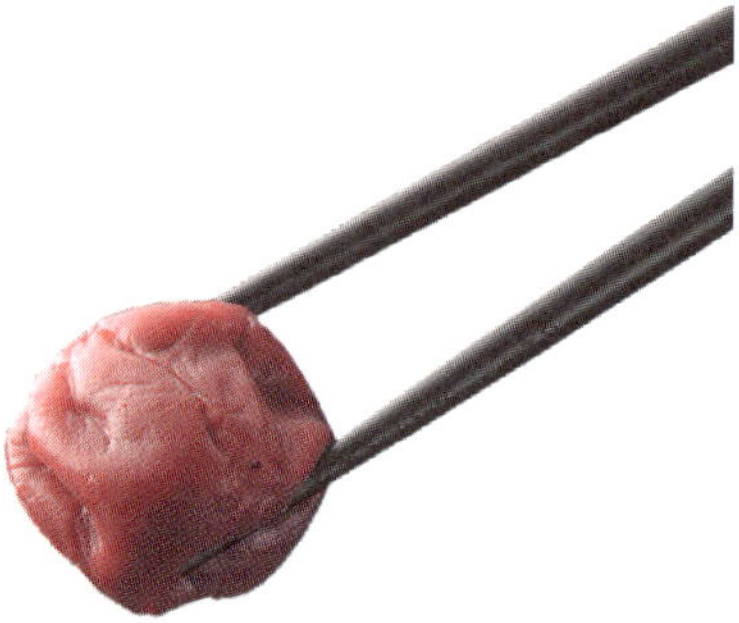

◉視覚アンカー

シンボル、マーク、絵、写真、服装、顔などです。梅干しを見てすっぱい感覚が起きるのは、視覚アンカーです。

◉聴覚アンカー

言葉、音楽、内部対話などです。「仰げば尊し」のメロディーを聞いて卒業式が思い出されるのは、聴覚アンカーです。

◉体感覚アンカー

しぐさ、ポーズ、身体的な接触、香りなどです。プロ野球の選手がバッターボックスで特定のしぐさをするのは体感覚アンカーです。

Photo：TTH / a.collectionRF / amanaimages

また、部屋や席など空間がアンカーになることもあります。いつもの席に座ると居心地がいい、というのは**「空間アンカー」**です。

アンカーは体験によって作られます。梅干しを見たことがない人は梅干しを見ても何も感じません。梅干しを食べたらすっぱかった、という体験を繰り返すことで、梅干しを見るだけですっぱいという感覚が起きるようになるのです。

同じように、理想の状態で特定の刺激を繰り返すと、その刺激がアンカーになります。気合いの入った状態でガッツポーズすることを繰り返すと、今度は、ガッツポーズすると気合いの入った状態になるのです。

強い感情が伴っているときは一度の体験でアンカーができることもありますが、繰り返し体験することでより強力になります。

「パブロフの犬」という有名な実験があります。犬にベルを鳴らしながら餌を与えるということを繰り返したところ、ベルを鳴らしただけで犬が唾液を出すようになったというものです。これも繰り返しの体験によりアンカーが作られたものです。

●アンカリング　４つのポイント

効果的なアンカリングには次の４つのポイントがあります。

①**ピークの直前のタイミング**：アンカーを作るときのタイミングは、状態のピークの直前にします。アンカーを発火させた直後にピークに達するようにするためです。

②**強い状態**：状態が強ければ強いほど、アンカリングが作られます。

③**独特ではっきりしたもの**：アンカーは、独特ではっきりしたものを選びます。うなずくしぐさなど、日常的なしぐさは、アンカーになりません。

④**正確に繰り返すことができるもの**：アンカーは、いつでも発火できるように、正確に繰り返すことができることが必要です。どういう状況でアンカーを発火させるのかを考慮して、アンカーを選びます。たとえば、ガッツポーズはスポーツにはよいかもしれませんが、商談にはふさわしくないでしょう。ふだんは触らないところを触るとか、親指と中指や親指と薬指で輪を作るというようなしぐさは、正確に繰り返すことができ、独特ではっきりしているため、アンカーになりやすいものです。

リソース・アンカーのかけ方

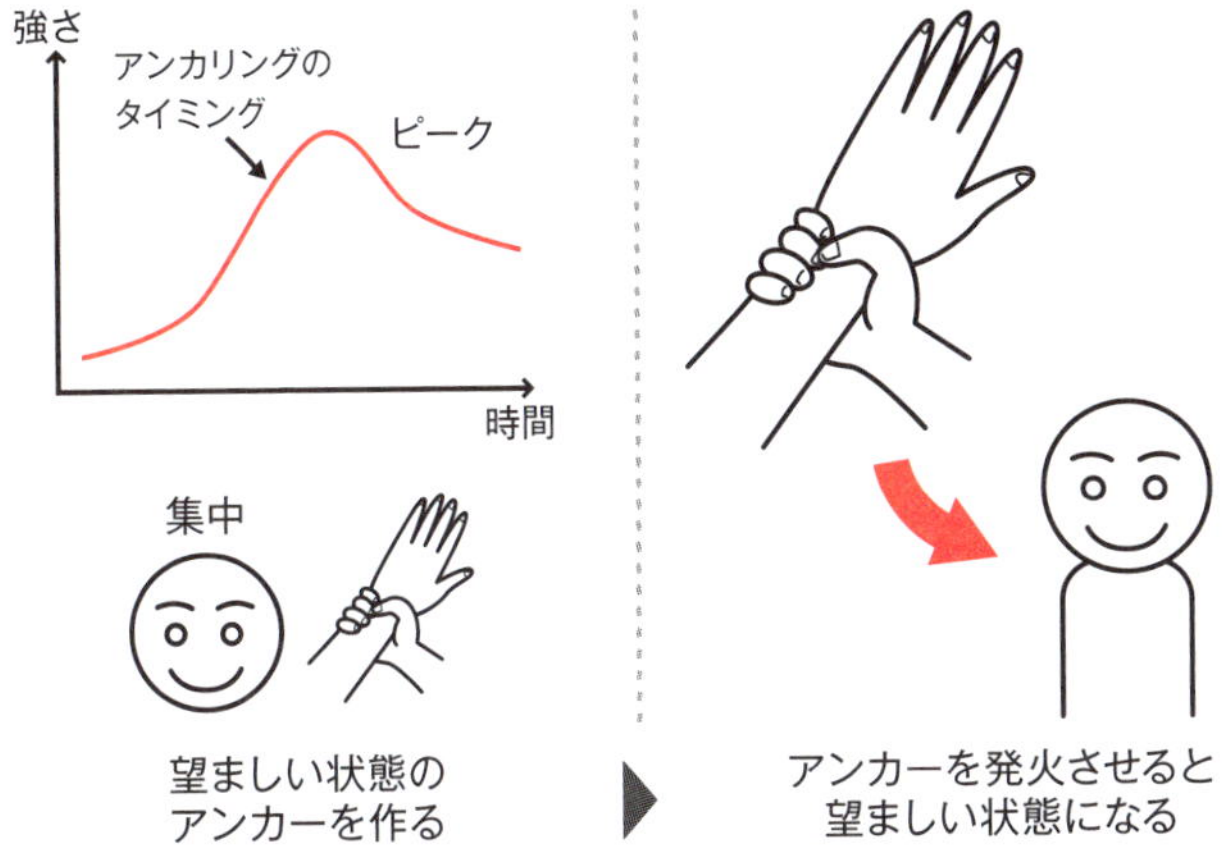

リソース・アンカー

「リソース・アンカー」は、特定のリソース（→29ページ）を呼び起こし、望ましい状態になるためのアンカーです。一般に「アンカー」といった場合は、このリソース・アンカーを指します。

大輔君は、家で勉強するときすぐに集中できるようになるために、リソース・アンカーに取り組んでみました。

まず、アンカーとなる刺激を決めます。大輔君は、右手で左手の手首をつかむというしぐさにしました。

そして、以前、集中して勉強に取り組んで

いたときのことを思い出し、その状態になってみます。すると、身体中に集中力がみなぎってくるのを感じます。そして、その集中力がピークに達する直前に、右手で左手の手首をつかみます。これを何回か繰り返します。

すると、右手で左手の手首をつかむだけで、集中力が高まるようになりました。大輔君にとって、右手で左手の手首をつかむしぐさが、集中力のスイッチとなったのです。

このときから、大輔君は、家で勉強をはじめるときに、右手で左手の手首をつかむしぐさをするようにしました。すぐに、集中力のある状態で勉強できるようになりました。

WORK

リソース・アンカー

❶望ましい状態を体験したときのことを思い出し、同じ状態を体験します。
❷状態がピークに達する直前のタイミングで、アンカーをかけます。
❸深呼吸して中立的な状態になります（これを「**ブレークステート**」といいます）。
❹アンカーを発火させて、望ましい状態になることを確認します。

郵 便 は が き

料金受取人払郵便

新宿局承認

1820

差出有効期間
2021年9月
30日まで

1638791

999

(受取人)

日本郵便 新宿郵便局
郵便私書箱第330号

(株) 実務教育出版

第一編集部
愛読者係行

フリガナ お名前		年齢　歳 性別　男・女	
ご住所	〒		
電話番号	携帯・自宅・勤務先　(　　)		
メールアドレス			
ご職業	1. 会社員 2. 経営者 3. 公務員 4. 教員・研究者 5. コンサルタント 6. 学生 7. 主婦 8. 自由業 9. 自営業 10. その他 (　　)		
勤務先・学校名		所属 (役職) または学年	
今後、この読書カードにご記載いただいたあなたのメールアドレス宛に 実務教育出版からご案内をお送りしてもよろしいでしょうか			はい・いいえ

毎月抽選で5名の方に「図書カード1000円」プレゼント!

尚、当選発表は商品の発送をもって代えさせていただきますのでご了承ください。
この読者カードは、当社出版物の企画の参考にさせていただくものであり、その目的以外には使用いたしません。

■１編

【ご購入いただいた書籍名をお書きください】

書名

ご愛読ありがとうございます。
今後の出版の参考にさせていただきたいので、ぜひご意見・ご感想をお聞かせください。
なお、ご感想を広告等、書籍の PR に使わせていただく場合がございます（個人情報は除きます）。

……………………………該当する項目を○で囲んでください……………………………

◎本書へのご感想をお聞かせください

・内容について　a. とても良い　b. 良い　c. 普通　d. 良くない
・わかりやすさについて　a. とても良い　b. 良い　c. 普通　d. 良くない
・装幀について　a. とても良い　b. 良い　c. 普通　d. 良くない
・定価について　a. 高い　b. ちょうどいい　c. 安い
・本の重さについて　a. 重い　b. ちょうどいい　c. 軽い
・本の大きさについて　a. 大きい　b. ちょうどいい　c. 小さい

◎本書を購入された決め手は何ですか

a. 著者　b. タイトル　c. 値段　d. 内容　e. その他（　　　）

◎本書へのご感想・改善点をお聞かせください

◎本書をお知りになったきっかけをお聞かせください

a. 新聞広告　b. インターネット　c. 店頭（書店名：　　　）
d. 人からすすめられて　e. 著者の SNS　f. 書評　g. セミナー・研修
h. その他（　　　）

◎本書以外で最近お読みになった本を教えてください

◎今後、どのような本をお読みになりたいですか（著者、テーマなど）

ご協力ありがとうございました。

スタッキング・アンカーのかけ方

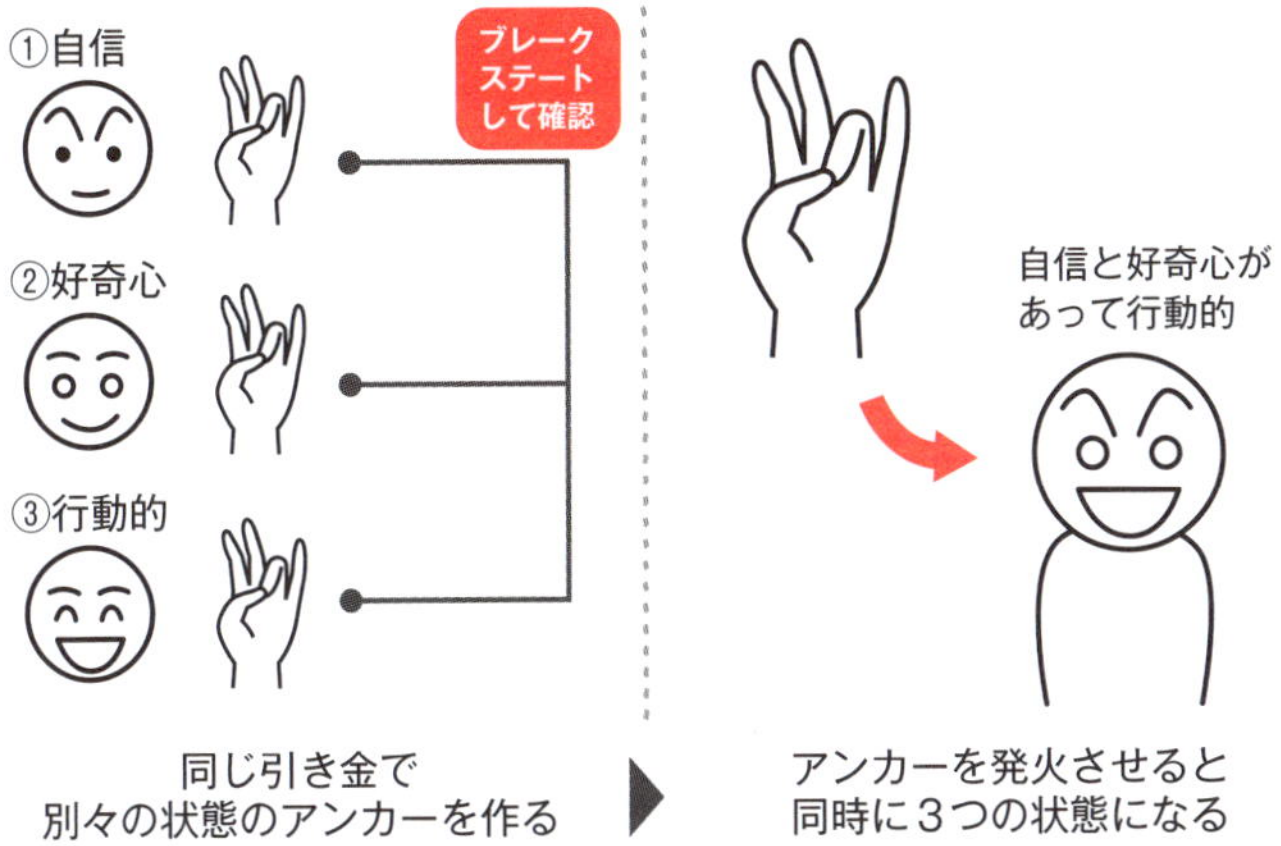
①自信
②好奇心
③行動的
ブレークステートして確認
自信と好奇心があって行動的
同じ引き金で別々の状態のアンカーを作る
アンカーを発火させると同時に3つの状態になる

アンカリングには、基本であるリソース・アンカーのほかにも、さまざまなバリエーションがあります。

スタッキング・アンカー

「スタッキング・アンカー」(stacking anchor)は、アンカーを積み重ねる方法です。スタックは「積み重ねる」という意味です。

同じアンカーに、複数の状態をアンカリングすることができます。たとえば、親指と薬指で輪を作るというアンカーに、自信、好奇心、行動的という3つの状態をアンカリングすることができます。

チェイニング・アンカー

「チェイニング・アンカー」(chaining anchor)は、望ましい状態と現在の状態との差が大きい場合に、段階を作ってアンカーを発火させる方法です。チェインは「鎖でつなぐ」という意味です。

たとえば、怒っている状態からいきなり協力的な状態になるのは、差が大きくて難しいものです。そこで、怒り→冷静→好奇心→協力的というように段階を作ります。

次に一つ一つのアンカーを作ります。たとえば、怒りのアンカーを手首に、冷静のアンカーをひじに、好奇心のアンカーを肩に、協力的のアンカーを首に作り、それぞれの場所をさわると、それぞれの状態になるようにします。

そして、手首にさわります。怒りの状態になりますが、ピークに達する前に、ひじにさわります。冷静の状態になりますが、ピークに達する前に、肩に触ります。好奇心の状態になりますが、ピークに達する前に首に触り、協力的な状態になります。

こうすることで、差が大きい場合であっても、スムーズに望ましい状態になることができます。

チェイニング・アンカーのかけ方

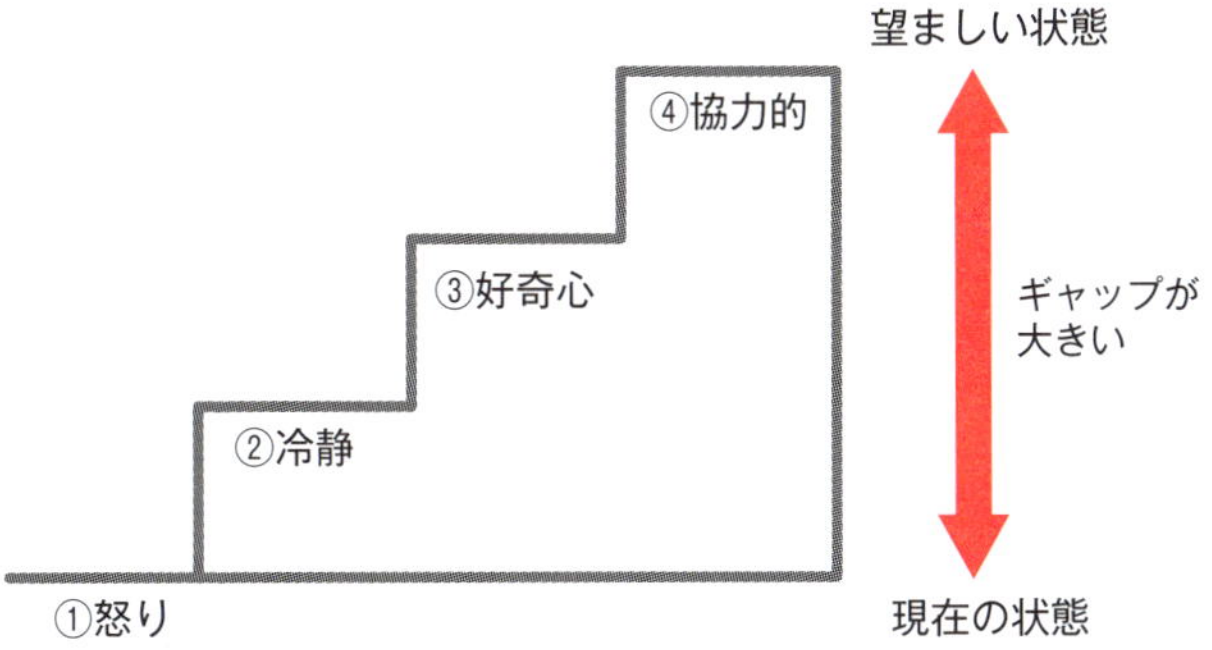
望ましい状態
④協力的
③好奇心
②冷静
①怒り
ギャップが大きい
現在の状態

望ましい状態までの段階をつくる

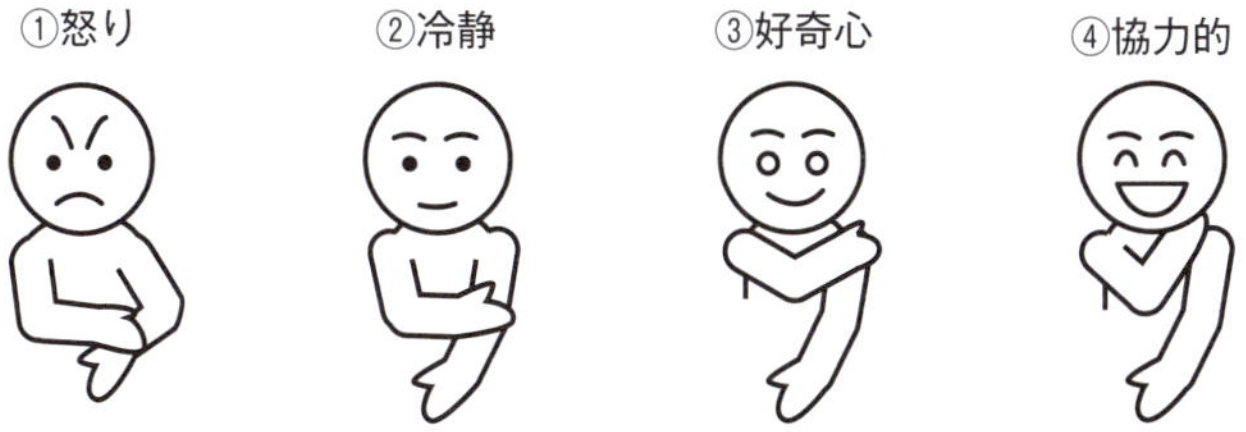
①怒り
②冷静
③好奇心
④協力的

段階ごとにアンカーを作る
（それぞれの段階でブレークステートして確認する）

▼

①
②
③
④

アンカーをチェーンにようにつなげ、発火させていく
（ピークに達する直前に、次のアンカーを発火する）

コラプシング・アンカーのかけ方

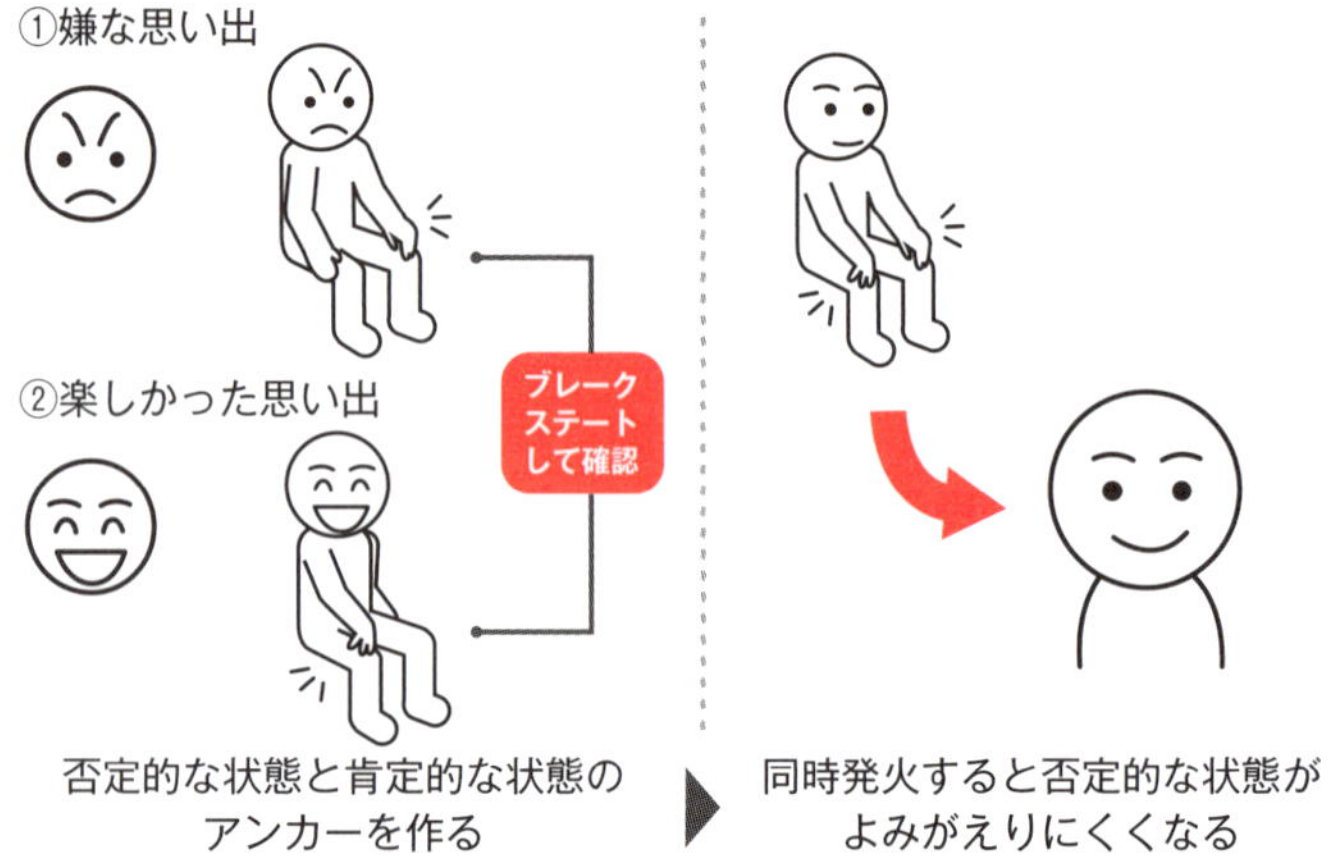
①嫌な思い出
②楽しかった思い出
ブレークステートして確認
否定的な状態と肯定的な状態のアンカーを作る
同時発火すると否定的な状態がよみがえりにくくなる

コラプシング・アンカー

「コラプシング・アンカー」（collapsing anchor）は、否定的な状態を打ち消す方法です。コラプスは「崩壊させる」という意味です。

私たちは、否定的な状態と肯定的な状態を同時に感じることができません。

たとえば、嫌な思い出など否定的な状態を左足に、楽しかった思い出など肯定的な状態を右足にアンカリングし、同時に発火させます。すると、否定的な状態が打ち消され、嫌な思い出がよみがえりにくくなります。

肯定的な状態をアンカリングするときは、十分に強い状態を選ぶのがポイントです。

COLUMN

寝室では仕事をしない

家の間取りは、日中過ごす部屋と夜寝る寝室を別にすることが多いものですが、これはアンカリングの観点からも理にかなっています。

寝る部屋は睡眠専用にしたほうが、よく眠ることができます。五感の刺激はアンカーになりますが、空間もアンカーになります。空間がアンカーになると、その空間に入るだけで特定の状態になるようになります。

寝るときに寝室に入るという体験を繰り返し、寝室が寝ることのアンカーになると、寝室に入るだけで眠くなるのです。

逆に、寝室で仕事をしたり、携帯電話の画面を見たりすることをしていると、寝室で頭がさえてしまい寝つきにくくなってしまうかもしれません。寝室では眠るだけにしたほうがよいのです。

サブモダリティ 気持ちの強弱が思いのまま

美紀さんには、付き合って半年ほどの彼氏がいます。いい関係ができているのですが、喧嘩をしてしまったこともあります。彼氏と喧嘩したときのことを思い出すと、彼氏が怒って大きな声を出している顔が浮かび、締めつけられるように感じてしまいます。

好きな食べ物が食べたくなくなる？

自分の好きな食べ物を一つ選んで、それが目の前に置いてあるところを想像してみてください。食べたいという気持ちはどれぐらいの強さでしょうか？

距離と気持ちの関係

近いと気持ちは強くなる

遠いと気持ちは弱くなる

次に、同じものが5メートル先のテーブルの上に置いてあるところを想像してみてください。今度は、食べたいという気持ちはどれぐらいの強さでしょうか？

同じ好きな食べ物でも、食べたい気持ちの強さには違いがあります。目の前に置いてあるときのほうが食べたい気持ちは強く、遠くにあると弱く感じます。

視覚には距離という構成要素があり、受ける感覚に影響を与えています。**視覚における距離など、五感の構成要素のことを、NLPでは「サブモダリティ」（submodality）といいます。**

サブモダリティには、次のように多くの種類があります。

Photo：Datacraft Co Ltd

◉視覚のサブモダリティ

距離、大きさ、明るさ、鮮明度、遠近、位置、平面／立体、カラー／白黒、動画／静止画、アソシエイト／ディソシエイト（↓181ページ）など。

◉聴覚のサブモダリティ

大きさ、テンポ、音の高さ、距離など。

◉体感覚のサブモダリティ

強さ、位置、動き、方向、重さ、温度など。

好きな食べ物を想像して視覚の距離を変えることができたように、**サブモダリティは変えることができます**。そして、距離を変えると食べたい気持ちの強さが変わるように、**サブモダリティを変えると受ける感覚が変わります**。

サブモダリティが経験の質を決めるのです。

アソシエイトとディソシエイト

さきほどは、好きな食べ物が目の前にある映像を思い浮かべましたが、このような体験の方法を「アソシエイト」（実体験）といいます。アソシエイト（associate）は「連合する」という意味です。

アソシエイトのときは、実際に自分の目を通して見える映像を思い浮かべ、その体験をしているときの感情を感じます。好きな食べ物が目の前にあるのを思い浮かべて、「食べたい」など、そのときの感情を感じることができます。

一方、**好きな食べ物を目の前にして食べたそうにしている自分の姿をイメージすることもできます。このような体験の方法を「ディソシエイト」（分離体験）といいます。**ディソシエイト（dissociate）は「分離する」という意味です。

ディソシエイトのときは、自分自身が写っている映像を思い浮かべます。実際には自分は見たことがないはずの映像です。そして、体験に関する感情を感じます。たとえば、「好きな食べ物を目の前にしてうれしそう」などというような感情です。

このように、私たちが何かを思い出したりして体験するときは、アソシエイトとディソシエイトの2種類があります。アソシエイトもディソシエイトも、サブモダリティの一つです。

アソシエイトは、体験に伴う感情、当事者としての感情を感じ、ディソシエイトは、体験に関する感情、傍観者としての感情を感じます。

当事者としての喜びを感じたいときはアソシエイトが望ましく、傍観者として体験から学びたいときはディソシエイトが望ましいのです。

アソシエイト（実体験）

自分の目でみたような映像
映像に自分は写っていない
体験に伴う感情を感じる

ディソシエイト（分離体験）

宙に浮かんだカメラで見ているような映像
映像に自分が写っている
体験に関する感情を感じる

アソシエイトとディソシエイト

アソシエイトは自分の
目を通して見える映像

ディソシエイトは
自分が映っている映像

サブモダリティを変える

同じ内容の記憶であっても、距離やアソシエイト・ディソシエイトといったサブモダリティが違うと、受ける感覚が異なります。

過去の出来事を引きずっている人は、過去の出来事を等身大で記憶しています。過去は過ぎ去ったものであり、いまここには存在しません。あるとすれば脳の中だけです。

記憶は、そこから学び、楽しみ、現在や未来に役立てるためのものであって、苦しむためのものではありません。

思い出して嫌になるような記憶は、サブモダリティを変えることによって、受け止め方を変えることができます。等身大の記憶を小さくして、その映像に自分も写るようなディソシエイトにすればいいのです。

過去の出来事を変えることはできませんが、受け止め方を変えることはできるのです。

人によってサブモダリティの影響は異なりますが、多くの人は、映像が大きく、明るく、色鮮やかで、近くにあり、アソシエイトのとき、感覚が強くなります。楽しい出来事はこのように記憶すればよく、嫌な出来事は逆に記憶すればよいのです。

サブモダリティを変えて気持ちの強さを変える

美紀さんは、彼氏と喧嘩したときのことを思い出すと嫌な気持ちになるので、サブモダリティの変換に取り組んでみました。

彼氏と喧嘩したときのことを思い浮かべてみます。

イメージの距離は、目の前です。それを遠くにしてみると、嫌な気持ちが弱まりました。距離を元に戻します。イメージの大きさは、等身大の大きさです。それを小さくしてみると、嫌な気持ちが弱まりました。大きさを元に戻します。

同じようにして、ほかの視覚のサブモダリティを調べ、聴覚や体感覚のサブモダリティ

サブモダリティの変換（嫌な思い出）

サブモダリティを変化させると…　▶　嫌な気持ちが弱まる

も調べます。

サブモダリティを調べたら、望ましい影響のあったサブモダリティを組み合わせます。美紀さんの場合、イメージの距離を遠くにして、大きさを小さくすると、嫌な気持ちが弱まりました。さらに、イメージを暗くして、ディソシエイトにしました。また、聞こえてくる音声の大きさも小さくして、音源を遠ざけました。

このように変化させたところ、美紀さんは、彼氏と喧嘩したときのことを思い出しても、嫌な気持ちが弱まるようになりました。

サブモダリティの変換は、望ましい体験について感覚を強めるためにも有効です。

サブモダリティの変換（楽しい思い出）

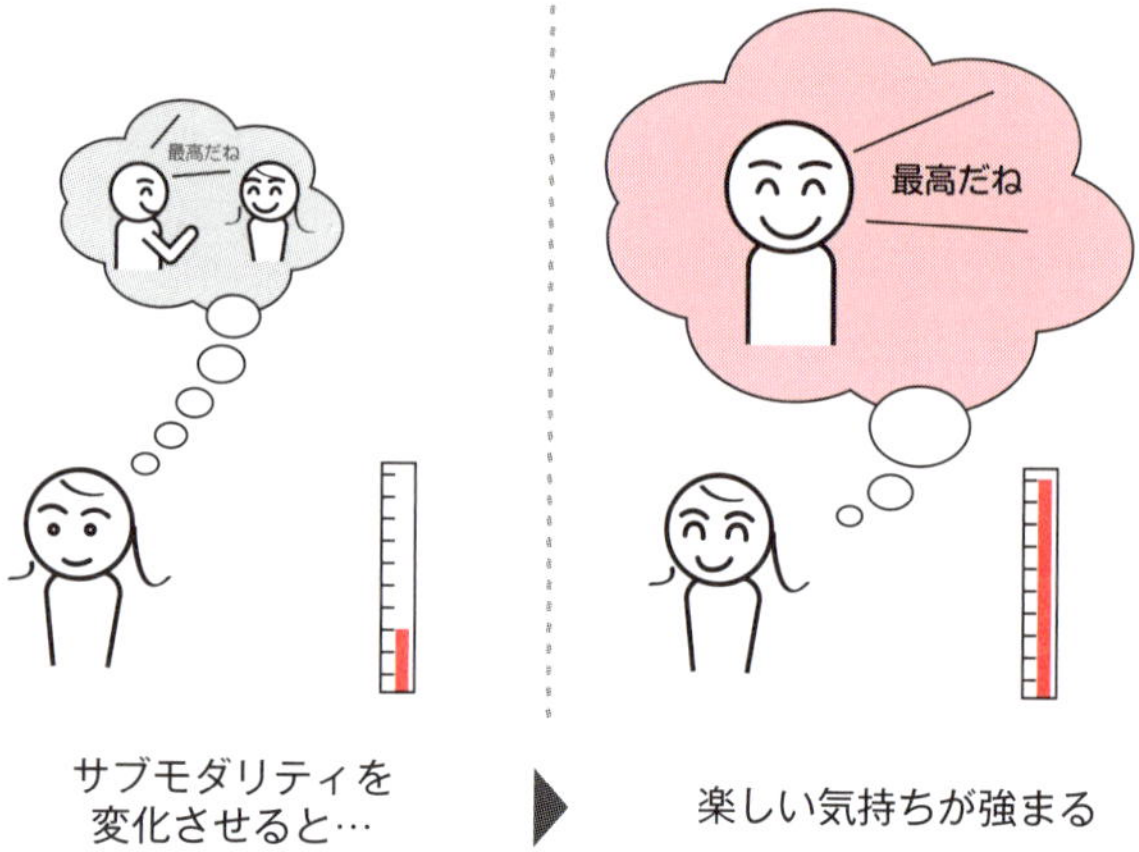
最高だね
最高だね
サブモダリティを
変化させると…
楽しい気持ちが強まる

美紀さんは、彼氏と一緒に旅行に行ったことがありますが、いま思い出すと「あの頃は楽しかった」と感じるだけです。そこで、サブモダリティの変換に取り組んでみました。

彼氏と一緒に旅行に行ったときのことを思い出し、サブモダリティを調べます。

そして、望ましい影響のあったサブモダリティを組み合わせます。美紀さんの場合、イメージを明るく大きくし、距離を近づけ、アソシエイトにすると感覚が強まりました。また、聞こえてくる音声を大きくして、音源を近づけました。

このように変化させて旅行を思い出すと、楽しく、幸せで満ち足りた感覚になり、彼氏への愛情が強まってくるのを感じました。

WORK

サブモダリティの変換

❶ 感覚を変化させたい体験を一つ決めて、思い浮かべます。

❷ サブモダリティを調べます。

① 映像を近づけたり遠ざけたりして影響を調べます。元に戻します。

② 映像を大きくしたり小さくしたりして影響を調べます。元に戻します。

③ 同じように残りのサブモダリティ（↓180ページ）についてすべて調べます。

❸ 望ましい影響のあったサブモダリティを組み合わせて変化させます。

❹ 将来、同じような体験をする可能性がある場合は、そのときのことを思い浮かべ、感覚が変わっていることを確認します（フューチャーペース〈↓121ページ〉）。

「人生は近くで見ると悲劇だが遠くから見れば喜劇である」

チャップリン

何を見ても大丈夫

スウィッシュ

やめたい反応をやめる

サブモダリティ（↓179ページ）を使って、望ましくない反応のパターンを変えることができます。何らかの引き金となる映像を見て衝動的に起きる反応を変えるもので、「スウィッシュ」といいます。スウィッシュ（swish）は「むちなどがヒューッと音をたてる」という意味で、一瞬で映像を入れかえます。

たとえば、「家に帰ると、ついテレビのスイッチを入れてテレビを見てしまう」というような問題に取り組むことができます。

スウィッシュをするときには、まず、問題となる行動の直前の引き金となる映像を特定します。

スウィッシュで理想の自分になる

引き金を大きく明るくし、望ましい自分を小さく暗くする ▶ 一瞬で引き金を小さく暗くし、望ましい自分を大きく明るくする

テレビのスイッチを入れる前には、テレビのリモコンを目にします。テレビのリモコンを見ることが引き金で、スイッチを入れるという反応が起きる、ということです。

スウィッシュでは、引き金のイメージと望ましい自分のイメージの2つを使います。望ましい自分のイメージというのは、「こういう自分になりたい」という理想の自分のイメージです。

最初は引き金のイメージを大きく明るく思い浮かべます。そして、そのイメージの隅に、望ましい自分のイメージを小さく暗く思い浮かべます。

そして、**「スウィッシュ」という声とともに、一瞬で、引き金のイメージを小さく暗く**

すると同時に、望ましい自分のイメージを大きく明るく変えます。

これを何度か繰り返します。

すると、引き金のイメージを見たときに、スイッチを入れたいという感情が弱まり、望ましい自分になりたいという感情が強まります。

「昔の記憶のイメージが思い浮かんで、嫌な気持ちになる」

「上司の顔を思い出すとイライラする」

「タバコを見ると吸いたくなる」

「ゴキブリを見るとぞっとする」

こうした反応は、すべて、視覚を引き金にして自動的に起きるものです。

また、「すぐにかっとなってしまう」「飲食店で注文しすぎてしまう」といったことも、その反応の直前には視覚の引き金があるのが一般的です。

こういったことは、スウィッシュで反応を変えることができます。

WORK

スウィッシュ

❶変えたい反応を特定します。

❷その反応の引き金となる映像を特定し、1枚の絵にして、大きく、明るくイメージします。

❸望ましい自分を思い浮かべ、1枚の絵にしてイメージします。

❹望ましい自分の絵を、小さく、暗くして、引き金の絵の隅に置きます。

❺「スウィッシュ」という声とともに、一瞬で、2つの映像を入れ替え、引き金の絵を小さく暗く、望ましい自分の絵を大きく明るくします。

❻❹と❺を何度か繰り返します。繰り返すときは、スピードを速めていきます。

❼引き金となる映像をイメージして、反応が変わっていることを確認します。（フューチャーペース〈↓121ページ〉）。

恐怖反応を消す

恐怖症の解消

「恐怖症」とは、何らかの物や状況に対して、恐怖反応を示すものです。高所恐怖症、飛行機恐怖症、犬恐怖症など、さまざまな種類があり、いずれも、物や状況に対して恐怖反応がアンカリング（→167ページ）されている状態です。

恐怖症は、過去の体験によってできます。子どものころ、高いところから落ちて高所恐怖症になったり、犬にほえられて犬恐怖症になったりします。一度の体験であっても、インパクトが強いと恐怖症となります。

通常の恐怖反応は人を守るために必要なものですが、極度な恐怖症があると生活に支障をきたしてしまいます。過去に一度恐怖体験をしたからといって、将来にわたって恐怖反応を繰り返す必要はありません。**恐怖症は体験によって学習された反応ですから、再学習することもできるのです。**

二重の分離体験にして感情的な距離を保つ

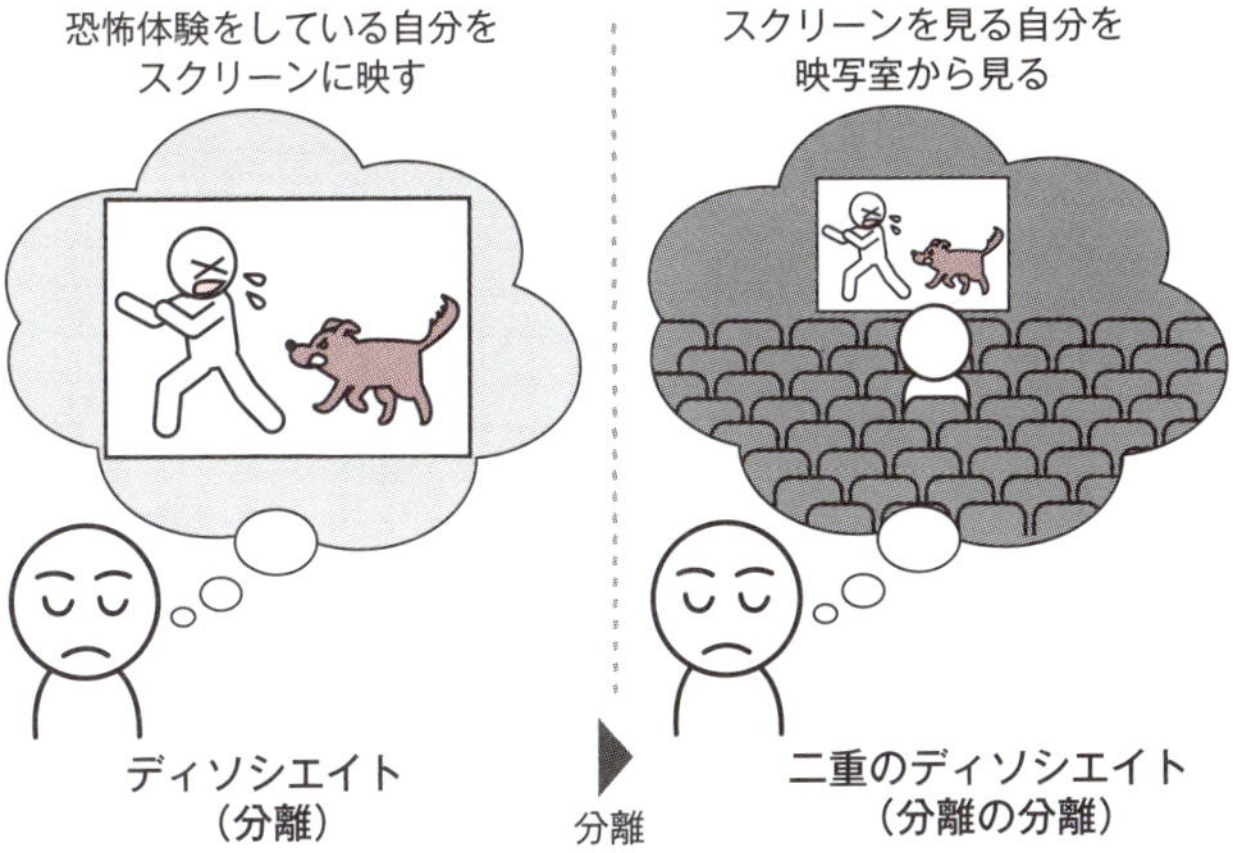
恐怖体験をしている自分を
スクリーンに映す
スクリーンを見る自分を
映写室から見る
ディソシエイト
（分離）
分離
二重のディソシエイト
（分離の分離）

二重のディソシエイト

映像を思い浮かべたとき、その体験に伴う感情が起きにくいのは分離体験であるディソシエイト（→181ページ）です。犬にほえられている自分を見るのがディソシエイトですが、恐怖症の解消では、**「二重のディソシエイト」**を使います。

具体的には、映画館をイメージします。スクリーンには犬にほえられている自分が写っています。これを客席から見るのがディソシエイトです。

二重のディソシエイトは、ここからさらに分離し、客席ではなく映写室にいるところをイメージします。映写室から、スクリーンの自分を見ている客席の自分を見るのです。

このようにすることで、これまでは犬の映像を思い浮かべただけで恐怖反応が起きていた人も、映像に対し感情的な距離を保つことができ、恐怖反応を起こさない体験として、再学習することができます。

恐怖症の解消は、この二重のディソシエイトを使って次のようなプロセスで行いますが、未経験者が一人で行うのは避け、必ずNLPトレーナーなどの経験者に進めてもらってください。

WORK

恐怖症の解消

このスキルは、NLPトレーナーなどの経験者がクライアントに対して行ってください。

❶クライアントの安全な状態をアンカリング（↓167ページ）します。これ以降のプロセスで、もし、クライアントが恐怖反応を示した場合は、アンカーを発火させ

て安全な状態を再現します。

❷クライアントに対し、映画館の客席に座っているところを想像し、目の前にスクリーンをイメージしてもらいます。

❸客席から抜け出し、映写室に行き、客席でスクリーンを見ている自分をイメージしてもらいます。

❹技師として、恐怖症ができるもととなった最初の恐怖体験が始まる前の安全な状態から、恐怖体験が終わった後の安全な状態になるまでを白黒の映画として上映してもらいます。

❺映写室を出て、映画の中の自分に入り、映画の最後のシーンから最初のシーンまでをカラーにして高速で巻き戻してもらいます。何度か繰り返します。

❻これまで恐怖反応を示していた場面を思い浮かべてもらい、将来、そのような場面で恐怖反応が起きないことを確認してもらいます（フューチャーペース〈↓121ページ〉）。

時間を味方につける

タイムライン

アンカリングで自分のスイッチを入れて、すぐに理想の状態で勉強に取りかかることができるようになった大輔君。

必要な知識を身につけて精力的にプロジェクトマネージャーの仕事をこなしていますが、プロジェクトが進むにつれ、忙しさも増してきました。

目先の仕事にひとつひとつていねいに取り組むよう心掛けてきたのですが、やるべきことが増えると、そうもいきません。これまでの仕事の進め方では、全体的なスケジュールに支障をきたすことも出てくるようになってきました。

大輔君は、もっと計画性を高めて、将来のことを見通して仕事を進めたいという思いが強まってきました

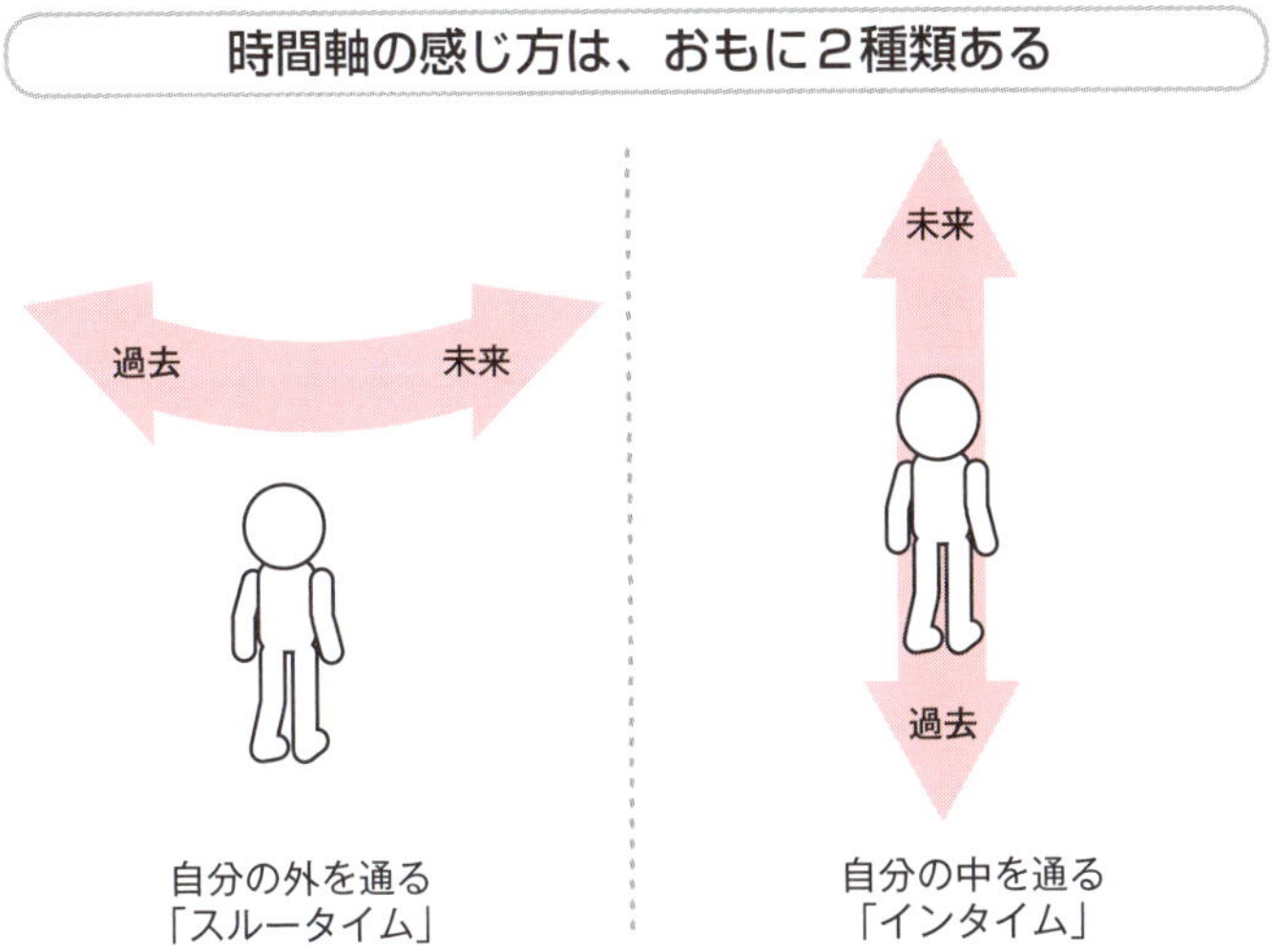

過去は左？　それとも後ろ？

私たちは、「遠い過去」「近い将来」「長い時間」「時間を延長する」「将来を見通す」といった表現を使います。時間と空間を関連づけているのです。**NLPでは、脳の中の時間軸を「タイムライン」といいます。**

タイムラインにはおもに2種類あります。タイムラインが自分の外を通るのが「スルータイム」で、タイムラインが自分の中を通るのが「インタイム」です。

次の質問の答えることで、自分のタイムラインがわかります。

「過去はどこにありますか？　どちらの方向ですか？」

「未来はどこにありますか？　どちらの方向ですか？」

この2つを結んでできる線がタイムラインです。「過去は左で、未来は右」と答え、タイムラインが自分の外を通っていればスルータイム、「過去は後ろで、未来は前」と答え、タイムラインが自分の中を通っていればインタイムです。

スルータイム

スルータイム（through time）は、「時を通じて」という意味で、タイムラインが自分の前にあり、すべてを見渡すことができます。

過去が左、未来が右であることが多いですが、逆の場合もあります。アイ・アクセシング・キュー（↓74ページ）では、本人からみると、左が記憶、右が創造ですが、多くの場合スルータイムの向きと一致し、左が過去で記憶、右が未来で創造となります。

スルータイムは、時間を連続したものとして捉えています。時間管理が得意で、時間に正確です。自分の記憶をディソシエイト（↓181ページ）で捉えています。

計画を立てるのが好きで、仕事の時間と遊びの時間は違うものです。

インタイム

インタイム（in time）は、「時の中に」という意味で、タイムラインが自分の中を通っており、多くの場合は、過去は後ろで未来は前にあります。

今に集中することが得意です。自分の記憶をアソシエイト（→181ページ）で捉えていますが、記憶にアクセスするためには、「振り返る」必要があります。「過去を振り返る」という言葉を使うのはインタイムです。

計画を立てるのは苦手で、仕事の時間と遊びの時間の違いがありません。

タイムラインを変える

日常的には、スルータイムとインタイムのどちらかのタイムラインをベースとして生活しているのが一般的です。

詳しいタイムラインは、洗顔・歯磨きなど、毎日やっているような習慣的な行動を思い浮かべることで知ることができます。昨日、1週間前、1か月前、1年前、5年前、そして、明日、1週間後、1か月後、1年後、5年後、それぞれぞれぞれ思い浮かべると位置が違います。それをつないだものがタイムラインです。

過去や未来の線がなかったり、とぎれていたり、うずまいていたりする場合もありますし、高さ、大きさ、明るさ、鮮明度などのサブモダリティ（→180ページ）にも違いがあります。「明るい未来」という表現をしますが、これは未来のサブモダリティが明るいのです。

タイムラインは、行動や感情に影響を与えます。自分の望む結果が得られるように、タイムラインを変えることもできます。

◉将来に不安がある

将来に不安がある場合、未来のタイムラインがはっきり見えません。**未来のタイムラインを目の前に見えるように置いて、明るく鮮明にすると、未来へのモチベーションが高まります。**

◉忙しい毎日に追われている

忙しい毎日に追われている場合、未来のタイムラインが重なってしまって優先順位がつけられていません。**見渡せない未来のタイムラインを、横に延ばして見渡せるようにすると、計画性が高まります。**

◉過去にとらわれている

過去にとらわれている場合、過去の出来事が目の前にあります。**過去のタイムラインを目の前からはずし、小さくすると、過去にとらわれにくくなります。**

◉生きている実感がない

生きている実感が得られない場合、タイムラインが自分の中を通っていません。**タイムラインをインタイムにし、自分の中を通し、明るく鮮明なタイムラインにします。**

◉時間管理力が低い

時間管理力が低い人は、タイムラインを見渡せません。**見渡せないタイムラインをスルータイムにして、見渡せるようにします。**

タイムラインを変えて計画性を高める

大輔君はタイムラインを変える「タイムラインシフト」に取り組んでみました。

大輔君は毎朝歯を磨きます。歯磨きをしていた今朝の自分の姿をイメージすると、すぐ頭の後ろあたりにそのイメージが浮かびました。

昨日の歯磨きのイメージはその後ろ、1週間前の歯磨きのイメージはさらにその後ろでした。1か月前、1年前、5年前についても、それぞれ歯磨きをイメージすると、自分の後ろのほうにイメージが浮かびました。

次に、歯磨きをする明日の自分の姿をイメージすると、今度は、すぐ目の前にそのイメージが浮かびました。1週間後のイメージはその前方、1か月後、1年前、5年前と、イメージすると、それぞれ、さらにその前方に浮かびました。

大輔君のタイムラインは、過去が後ろで未来が前にあり、線が自分の中を通っているインタイムであることがわかりました。

すぐ先のことは目の前にあるので鮮明ですが、少し先のことになるとイメージが見えづらく、ぼんやりしていました。

将来のことが見渡せないため、計画性が低く、忙しい日々を送ってしまっているように感じられました。

そこで、タイムラインをスルータイムに変えてみることにしました。後ろに延びる過去の線を左の前に、前に延びる未来の線を右の前に動かし、全体を見渡せるようにしてみました。また、先のイメージについても、鮮明なイメージに変えてみました。

すると、過去も未来もよく見えるように感じられ、いまやるべきこと、やらなくてもいいことの優先順位をつけて、落ちついて時間を過ごせるように感じられました。

タイムラインを歩く

タイムラインは、床の上に想像して、その上を歩くこともできます。

自分の前に未来が延びていて、自分の後ろに過去が延びているタイムラインをイメージしてみます。

そして、過去のほうへ後ろ向きに歩いていき、自分にとって豊かな体験のところで止まってみると、リソースを感じることができます。

タイムラインを歩く

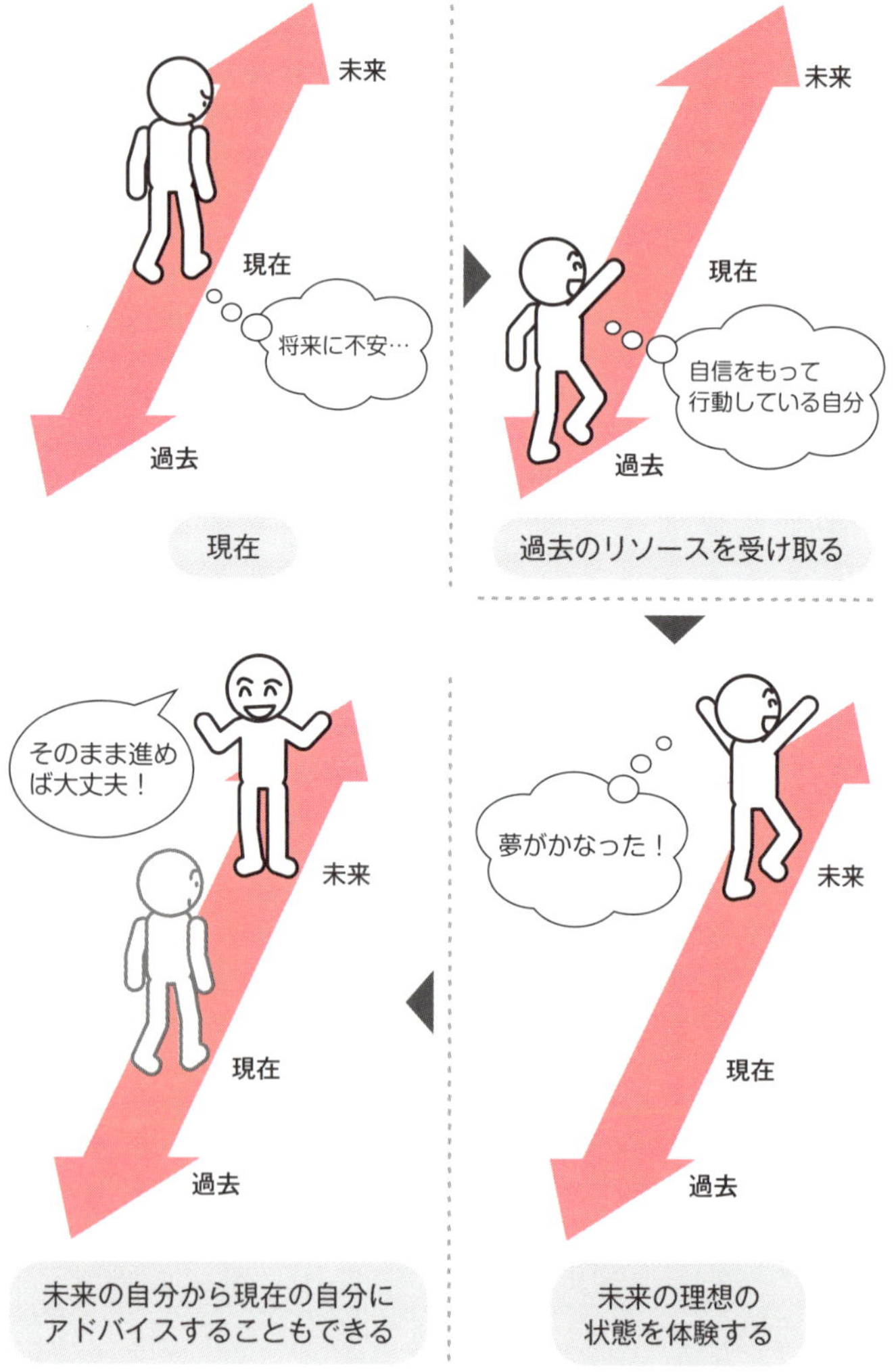
未来
現在
将来に不安…
過去
現在
未来
現在
自信をもって
行動している自分
過去
過去のリソースを受け取る
そのまま進め
ば大丈夫！
未来
現在
過去
未来の自分から現在の自分に
アドバイスすることもできる
夢がかなった！
未来
現在
過去
未来の理想の
状態を体験する

次に、未来のほうへ向かって歩いていき、自分の目標が実現したところまで進んでみると、その状態を体験することができます。１８０度後ろを向いてみると、それまで体験してきたことを振り返ることができます。

WORK

タイムラインシフト

❶洗顔、歯磨きなど、毎日やっているような習慣的な行動を一つ選びます。

❷今朝、その行動をとっていた自分の姿をイメージし、そのイメージの場所を確認します（付箋などで床の上に印をつけておくと、あとで思い出しやすくなります）。

❸❷と同じように、昨日、1週間前、1か月前、1年前、5年前と、一つずつ、イメージの場所を確認していきます。

❹未来についても、❷と同じように、明日、1週間後、1か月後、1年後、5年後と、一つずつ、イメージの場所を確認していきます。

❺位置以外に、高さや明るさなどの違いがあれば、確認しておきます。

❻新しいタイムラインを想像して作り変えます。
❼新しいタイムラインで、どのように生活が変わるか確認します。

「過去にも未来にも苦しむ必要はない。
過去はもう存在しないし、未来はまだ存在していないのだから」

アラン

Part 6

嫌いな自分を変える

前の PART 5 からは、自己変化や自己成長のためのスキルをご紹介しています。

物事を捉える方法は、より細かく捉える方向と、より大まかに捉える方向があります。

前の PART 5 では、五感の使い方を変えることで、行動や感情を変える方法をご紹介してきました。これは、物事をより細かく捉える方向です。

この PART 6 では、より大まかに捉える方向で、自分を変える方法をご紹介していきます。

嫌いな自分にはワケがある

肯定的意図

あんなに無茶なこと言うなんて……

美紀さんには観たい映画があり、彼氏と一緒にその映画を観にいく約束をしました。ところが、その当日、美紀さんの彼氏は約束の時間に少し遅れてやってきました。

「ごめん、遅れちゃって」

「なんで遅れてくるの？　この映画、前から私が楽しみにしてたの、知ってるでしょ？」

「会議がちょっと予定より延びちゃって。でも、まだはじまってないから間に合うよね？」

「そういうことじゃなくて、私が楽しみにしてたのに遅れてくるのが、信じられないの」

「えっ、でも、まだ間に合うよ？」

「そんな開き直らないでよ。自分が悪いことしたんだから謝ってよ」

「だから、さっき謝ったよね?」

「謝ってないから怒ってるんでしょ? もういい、今日は帰る!」

美紀さんの彼氏は困惑した表情を思い浮かべますが、美紀さんはそのまま帰ってしまいました。

困惑したのは、美紀さんの彼氏だけではありません。美紀さんも、どうして自分がこのように無茶なことをやってしまったのか、わけがわかりません。彼氏のことは好きなのに、映画もまだ間に合うのに、謝ってくれたのに、怒る必要もなかったのに、帰る必要がなかったのに、なぜか、怒って帰ってしまったのです。

やめたいのに、やめられない

人の行動には、やりたいと思ってやる行動と、やりたくないのにやってしまう行動があります。

たとえば、スポーツは通常、やりたいと思ってやる行動です。

どんな行動にも意図がある

意図 健康・充実感
行動 スポーツ

意図 知識・自由
行動 深夜のネット

行動には意図があります。スポーツをすることの意図は、健康だったり充実感だったりします。やりたいと思って行動をするときの意図は、たいていの場合、自分でもわかっています。

一方、本当は早く寝たいのに、つい、インターネットをやってしまう、というような行動をすることもあります。やりたくないのにやってしまうような行動です。

自分では気づいていないことも多いのですが、こうした行動にも意図があります。

夜更かしして深夜にインターネットをやってしまうという行動の意図は、たとえば、知識を得たいということかもしれませんし、自由を感じたいということかもしれません。夜更かししてインターネットをやるとき、その行動は否定的ですが、知識や自由という意図は肯定的で望ましいものです。

このように、どのような行動にも、それを通して得られる望ましい意図があり、NLPではこれを「肯定的意図」といいます。

人が否定的な行動をするのは、その行動に肯定的意図があるからです。そして、肯定的意図があるからこそ、やめようと思っても、なかなかやめることができないのです。

肯定的意図を知る

否定的行動と肯定的意図の関係は人によって違いますが、いくつか例としてあげると、次のようなものがあります。

◉先延ばしする

ぎりぎりまでほかの好きなことに時間を使うことで、楽しみが得られます。また、ぎりぎりになってやることで集中力が高まり、効率的に取り組むことができるかもしれません。

◉仕事で失敗する

仕事で失敗することによって、同情を得ることができます。また、評価を得られないことで、責任の重い仕事が割り当てられずにすむかもしれません。

◉スケジュールをつめこむ

スケジュールをつめこむことで、自分が必要とされていると感じることができます。そのことによって、自己肯定感が得られます。

◉タバコを吸う

タバコを吸うと、リラックスできたり、会話の間を持たせやすくなったり、タバコ仲間との仲間意識が得られたりします。

否定的なコミュニケーションにも肯定的意図があります。コミュニケーションスキルを学んでも、コミュニケーションが改善しない人がいますが、そうした人は、これまでの否定的なコミュニケーションに肯定的意図があるからです。

◉自慢する

自慢することで、自分の優れている点を知ってもらえます。そのことによって、尊敬や承認が得られるかもしれません。

◉その場しのぎの嘘をつく

その場しのぎの嘘をつくことで、怒られずにすみます。そのことによって自己防衛することができ、安心が得られます。

◉自分の意見を言わない

自分の意見を言わないことで、嫌われずにすみます。そのことによって人とのつながりを感じることができます。

否定的な行動をしてしまうと嫌な気持ちになります。自己嫌悪を感じたり、自己否定をしてしまうこともあります。しかし、どんなに嫌な行動であっても、その行動には意図があります。それに気づくことが、自分を受容し、行動を変える第一歩です。

また、肯定的意図に気づくと、その行動をしても意図が満たされないことに気づくこともあります。たとえば、自慢することの意図は尊敬されることにある場合がありますが、自慢しても尊敬は得られないことも多いのです。

〝もう一人の自分〟を感じる

否定的な行動をしてしまうときの肯定的意図は、通常は意識されず、無意識に働きます。無意識的な肯定的意図を知るために、「パート」という考え方を使います。パート(part)とは「部分」のことです。「私の中の何かが、私を駆り立てます」といった表現を使うことがありますが、ここでいう「私の中の何か」がパートです。

ＮＬＰでは、「人はいろいろな個性をもったパートから構成されている」と考えます。否定的な行動をしてしまうときは、自分の中に否定的な行動をするパートがあるのです。パートを一つの人格をもった〝もう一人の自分〟のように感じることを通して、パートとコミュニケーションすることができます。パートとコミュニケーションすることで、否定的な行動の肯定的意図を知ることができます。

パートとコミュニケーションをするには、まず、実際にその行動をしているときのことを再体験します。そして、そのときの状態に入りながら、内面に意識を向けます。すると、内面で、何かのイメージが見えたり、音や声が聞こえたり、感情を感じたりするといった反応が起きます。そして、その反応が起きた場所に注意を向けることで、身体の中のパートを感じてみます。

パートを感じたら、パートに「その行動を通して、何を得ようとしているのですか？」と質問し、パートの答えを聞きます。

目をつぶってからだの力を抜き、パートの場所に手をあてると、パートとコミュニケーションしやすくなります。

1回質問するだけで肯定的意図にたどりつく場合もありますが、1回ではたどりつかない場合もあります。そうしたときは、繰り返し質問することで、肯定的意図にたどりつくことができます。

無茶を言う意図をさぐる

美紀さんは、彼氏に無茶に接した行動の肯定的意図をさぐってみました。

まず、彼氏に無茶に接したときのことを思い出し、その場面を再体験します。約束に遅刻してきた彼氏を前にして、「もういい、今日は帰る！」と言って、帰ってしまったときの、あの場面です。そのまま内面に意識を向けると、胸のあたりが温かく感じられてきて、胸のあたりにパートがあるのが感じられました。

美紀さんは、胸に手をあててそのパートに質問してみます。

「無茶なことをすることを通して、何を得ようとしているのですか？」

パートが答えます。

「何かあったときでも自分を大切にしてくれるか知ることができる」

美紀さんは、ふたたび、パートに質問します。

「何かあったときでも自分を大切にしてくれるか知ることで、何を得ようとしているのですか？」

パートとのコミュニケーション――美紀さんの場合

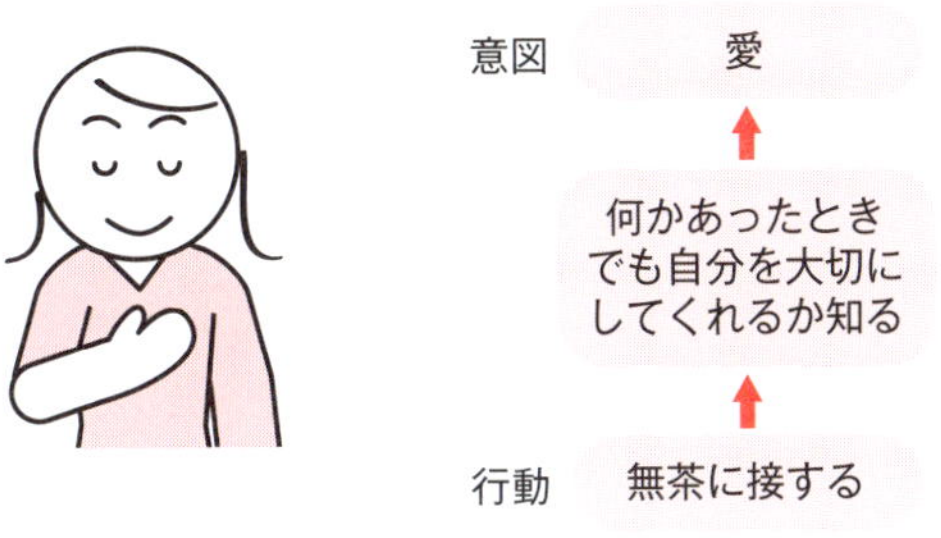

パートが答えます。

「愛」

美紀さんは、驚きました。愛のために無茶に接したのです。思ってもいなかったパートの意図でした。

そのとき、彼氏からメールが届きました。約束に遅刻してしまったことを誠実に謝ってくれるメールでした。美紀さんの行動を責め立てるわけでもなく、自分の行動を正当化するわけでもありませんでした。

美紀さんは、すぐに彼氏に電話をかけて、自分のほうこそ悪かった、と謝りました。

否定的な人への接し方

対人コミュニケーションにおいて、相手の接し方が否定的なときは、相手の肯定的意図に寄り添うことが大切です。

たとえば、いつも批判的な人がいます。そうした人は、何かの案について意見を求めても、否定的な要素ばかりをあげてきます。

「うまくいかないと思います」
「新規のお客様にはいいかもしれませんが、既存のお客様にはマイナスですよ」
「リスクをとってまでやるべきではないですよね」

いつも批判的な人とのコミュニケーションでは、相手に反論しても建設的な成果は得られません。

批判にも肯定的意図があります。たとえば、批判することで自分が優れていると思われ、そのことによって承認を得たいということがよくあります。自分の批判が否定されると、承認が得られません。だから、相手はさらに批判してきます。

コミュニケーションの意味は受け取る反応にあります（→27ページ）。したがって、受け取る反応が望んでいるものでなければ、自分がコミュニケーションのやり方を変える必要があります。

相手に反論するのではなく、たとえば、「なるほど。そういう視点もありますね。では、どうしたらいいか、改善案はありますか？」というように、相手を承認する言い方に変えてみたらどうでしょうか。

相手にとって大切なのは、批判そのものではなく、承認です。承認が得られれば、批判する必要はなくなります。そして、改善案を出すことで承認が得られるなら、積極的に改善案を考えてくれることでしょう。

相手の肯定的意図を尊重することで、豊かなコミュニケーションをすることができるのです。

WORK

肯定的意図

❶否定的な行動を特定します。否定的な行動とは、やめたいと思ってはいるものの、ついやってしまうような行動のことです。

❷否定的な行動をしている場面に入り、その場面を再体験します。

❸内面に意識を向け、内面でイメージが見えたり、内なる声や音が聞こえたり、感覚が強く感じられたりするなどの反応が起きるのを待ちます。反応が起きた場所に注意を向けて、否定的な行動を引き起こしているパートを感じます。

❹そのパートに、「その行動を通して、何を得ようとしているのですか？」と質問して、パートの答えを待ちます。

❺肯定的意図に達するまで、繰り返し❹の質問をします。

「自分に出会えない人生は、他者とも出会えない」

伊丹十三

COLUMN

全力を出すことへの恐怖

私たちは、何かを成し遂げたいと思うことはよくありますが、全力を出して頑張るということは意外と少ないかもしれません。

全力を出してうまくいかないと、どうなるでしょうか。自分の能力がないことが証明されてしまいます。自分の能力がないことが証明されるのは恐いことです。

だから、全力を出さない、という選択をします。

もちろん、本当は、全力を出してうまくいかないからといって、能力がないということではありません。全力を出すという選択をする人もいるのです。

「またやっちゃった」を終わりにする

6ステップ・リフレーミング

プロジェクトリーダーの大輔君は、タイムラインをスルータイムにすることで、計画性が高まりました。それまでは、その場に没頭しがちだったのですが、自分を客観的に見ることができるようにもなってきました。

大輔君は、ほかの関係者との打ち合わせにも出席する機会が多くありますが、打ち合わせがうまくいかないことがあります。どういうときにうまくいかないのか思い返してみると、打ち合わせで、自分の考えを強く主張してしまうことが多いのに気づきました。

そこで、相手の話を聞く姿勢を大切にしたいと思うようになったのですが、つい、自己主張してしまいます。

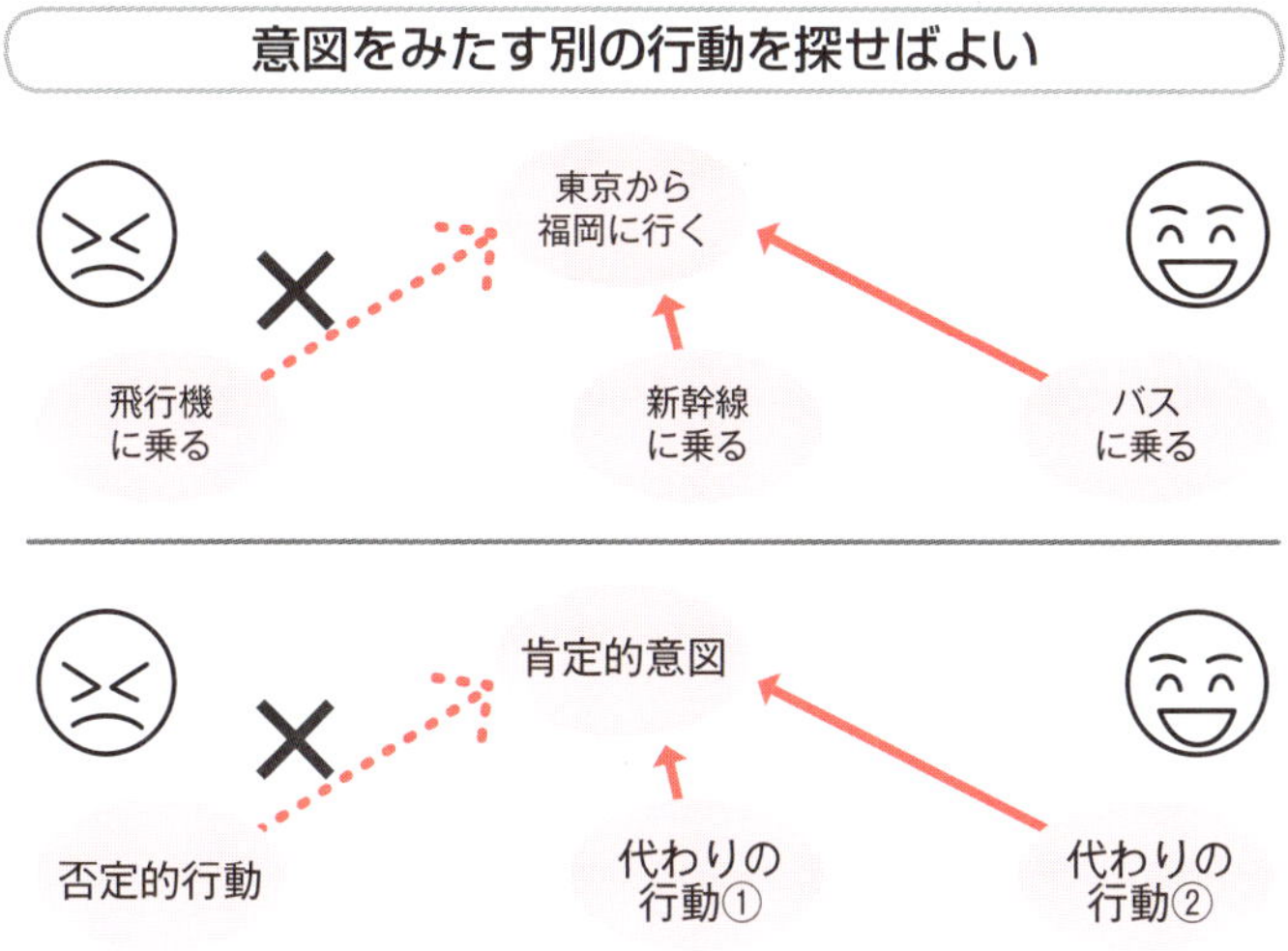
意図をみたす別の行動を探せばよい
東京から
福岡に行く
飛行機
に乗る
新幹線
に乗る
バス
に乗る
肯定的意図
否定的行動
代わりの
行動①
代わりの
行動②

別の行動を見つける

東京に住んでいる人に、「東京から福岡に行くとしたら、どのようにして行きますか?」と聞くと、ほとんどの人は、「飛行機で行きます」と答えます。

飛行機に乗るという行動によって、東京から福岡に行くという意図を実現することができます。

「では、もし、何らかの事情で、飛行機に乗りたくなかったら、どうしますか?」と聞くと、「新幹線で行きます」という人もいますし、「バスで行きます」という人もいます。

東京から福岡に行くという意図を実現するための行動は、飛行機以外にもあります。そして、飛行機以外で福岡に行くことができれば、飛行機に乗る必要はなくなります。

これは、どのような行動でも同じです。**人は、意図を満たすために行動します。意図を満たすための方法はたくさんあります。ある行動をしたくなかったら、意図を満たす別の行動をすればいいのです。**

やめたいと思っている否定的行動にも、肯定的意図（↓211ページ）があります。やめたいと思っていても、肯定的意図を満たすための選択肢がほかにないときは、その行動をやってしまいます。このとき必要なのは、無理にその行動をやめようとすることではなく、肯定的意図を満たすための行動の選択肢を増やすことです。

肯定的意図を満たすような別の行動を見つけることで、否定的行動をやめるスキルとして「6ステップ・リフレーミング」があります。6ステップ・リフレーミングは、その名のとおり、6ステップあります。

自己主張するのをやめる

大輔君は「自己主張する」という行動をやめるために、6ステップ・リフレーミングに取り組んでみました。

◉ステップ1

やめたい行動や悪習慣を特定します。大輔君の場合は、自己主張することです。

◉ステップ2

大輔君は、心を落ち着けて、内面に注意を向けていきます。そして、自己主張という行動を起こすパートを感じ、「私とコミュニケーションしてくれるなら、『はい』の合図を送ってもらえますか？」と質問してパートとコミュニケーションをとっていきます。パートからの合図は、内面でイメージが見えたり、内なる声や音が聞こえたり、感覚が強く感じられるなどの微妙な反応として表れます。大輔君は、お腹のあたりから「はい」という声が聞こえました。大輔君は、パートに感謝の気持ちを伝えました。

◉ステップ3

自己主張という行動を起こすパートに、「自己主張することを通して、何を得ようとしているのですか?」と質問します。すると、「自分の努力や実力を認めてもらえる」と答えがありました。さらに、「自分の努力や実力を認めてもらえることを通して、何を得ようとしているのですか?」と質問します。すると、「安心」と答えがありました。自己主張することの肯定的意図は「安心」であることがわかりました。大輔君は、「安心を得るために、自己主張していた」ということがわかり、少しの混乱とともに、「そうだったんだ」と思いました。

◉ステップ4

肯定的意図を満たす別の行動を見つけていきます。そのために、今度は、クリエイティブなパートとコミュニケーションします。クリエイティブなパートは、アイデアを出すのが得意なパートで、ステップ1から3までのパートとは別のパートです。大輔君は、クリエイティブなパートを感じ、そのパートに、「安心が得られる代わりの行動は何ですか?」と質問してみました。すると、クリエイティブなパートは、「毎朝好きな音楽を聴く」というアイデアを出してくれました。さらに、「ほかにありますか?」と質問し、合計3つの行動のアイデアを出してもらいます。大輔君のクリエイティブなパートは、「楽しかったときの写真が目に入るように机の上に置く」「寝る前に感謝の気持ちを感じる」というアイデアを出してくれました。

◉ステップ5

大輔君は、最初のパートに、「安心を得るために、『毎朝好きな音楽を聴く』『楽しかったときの写真が目に入るように机の上に置く』『寝る前に感謝の気持ちを感じる』という3つの代わりの行動をとりますか」と聞いてみました。すると、お腹のあたりから「はい」という声が聞こえました。

◉ステップ6

大輔君は自分の中の他のすべてのパートに、「3つの代わりの行動をとることに反対のパートはありますか?」と質問し、反対するパートがないことを確かめました。

6ステップ・リフレーミングを終えた大輔君は、3つの新しい行動をとっている自分を想像してみました。大輔君にとっては、3つとも簡単にできるうえ、安心が満たされるので、とてもいい気持ちになりました。そして、今後、打ち合わせでは自己主張するのではなく、相手の話をていねいに聞くことができそうだと感じました。

WORK

6ステップ・リフレーミング

❶やめたい行動や悪習慣を特定します。

❷内面に注意を向け、やめたい行動を起こすパートを感じ、「私とコミュニケーションしてくれるなら、『はい』の合図を送ってもらえますか？」とお願いします。そして、内面でイメージが見えたり、内なる声や音が聞こえたり、感覚が強く感じられるなどのパートからの反応があるのを待ちます。反応が得られたら、パートに感謝の気持ちを伝えます。

❸やめたい行動を起こすパートに、「その行動を通して、何を得ようとしているのですか？」と質問し、その行動の肯定的意図を聞き出します。

❹自分の中のクリエイティブなパートに、やめたい行動にかわり肯定的意図を満た

す別の行動を３つ聞き出します。

❺やめたい行動のパートに、３つの代わりの行動をしてみるかどうか聞きます。「はい」の合図があれば次のステップへ進み、なければ❹に戻ります。

❻自分の中の他のすべてのパートに、「３つの代わりの行動をとることに反対のパートはありますか？」と質問し、反対するパートがないことを確かめます。反対するパートがあれば、❹に戻ります。

「人の世に道は一つということはない。道は百も千も万もある」

坂本龍馬

葛藤を統合するビジュアル・スカッシュ

美紀さんは、上司との関係は改善し、机の上も片づけて帰るようになり、プライベートでは彼氏との関係がよりよくなり、ストレスを感じることが減ってきました。

そうしたなか、気持ちに余裕が出てきて、将来を考えることも増えてきました。

将来のことを考えると、無駄遣いを減らして、もっとお金を貯めたいと思います。しかし、同時に、好きなものにお金を使いたいという気持ちもあります。

「お金を貯めたいけど、使いたい」。美紀さんの中で葛藤が起きています。

私たちは、「ダイエットしたいのに、つい食べてしまう」「新しいことにチャレンジしたいのだけど、できない」「早く寝たいけど、夜更かししてしまう」など、さまざまな葛藤を経験します。

こうした葛藤は、２つのパートが相反する行動を取ろうとしているときに起きます。「ダイエットしたいのに、つい食べてしまう」というのは、ダイエットをしたいパートと、食べたいパートが、それぞれ別の行動をしようとしているのです。

パートには、肯定的意図（↓211ページ）があります。たとえば、ダイエットをしたいパートは「健康」という肯定的意図、食べたいパートは「満足感」という肯定的意図があります。

どちらも大切なパートです。そして、肯定的意図を満たそうとしています。**肯定的意図を満たすための行動が相反するとき、葛藤が起きます。**

どのように葛藤に取り組むのか？

葛藤が起きたときに望ましいのは、どちらか一つを選ぶのではなく、統合することです。

たとえば、家族の中で、１人が家で食事をしたいと言い、別の１人が外食したいと言ったときは、どうするでしょうか。

家で食事をしたいのには意図があります。外食したいのにも意図があります。

相談すれば意図がわかるかもしれません。家で食事をすることの意図は、出かけて疲れるのが嫌だ、ということで、外出することの意図は、ふだんと違うものを食べたい、ということだとします。

この場合、宅配でふだんと違うものを注文することで、ともに満足できます。

大切なのは行動ではなく、意図です。意図が満たされるのであれば、その行動でなくてもいいのです。

2つのパートが葛藤しているとき、どちらかのパートを犠牲にして、どちらかのみを優先するのは、なかなかうまくいきません。犠牲になったパートにも肯定的意図があり、その肯定的意図が満たされないからです。

それは、家で食事をしたい家族を無視して、外食してしまうようなものです。

「ビジュアル・スカッシュ」は、葛藤が起きているときに統合するスキルです。スカッシュ（squash）は、レモンスカッシュのスカッシュで、「押しつぶす」という意味です。

葛藤を統合する方法

美紀さんの中では、将来に備えてお金を貯めたいというパートと、お金を使いたいというパートが、互いに葛藤しています。

そこで、ビジュアル・スカッシュに取り組んでみました。

まず、お金を貯めたいパートを左手の上に出してみました。そして、パートの形や大きさなどを思い浮かべます。白くて箱のような形で固く重さがあります。

そして、そのパートに、「お金を貯めることで、何を得ようとしているのですか?」と質問します。パートは、「安心」と答えました。

今度は、お金を使いたいパートと取り組みます。お金を使いたいパートを右手の上に出してみました。そして、パートの形や大きさなどを思い浮かべます。白い円柱型の箱のようで、やわらかく軽めです。

そのパートに、「お金を使うことで、何を得ようとしているのですか?」と質問します。パートは、「思いどおりになる自分を感じる」と答えました。繰り返し質問してみます。

「思いどおりになる自分を感じることで、何を得ようとしているのですか?」

「自分を認めることができる……自己承認」との答えがありました。

お互いのパートを向かい合わせ、話し合わせます。自己投資にお金を使えば、安心も自

ビジュアル・スカッシュで葛藤を統合する

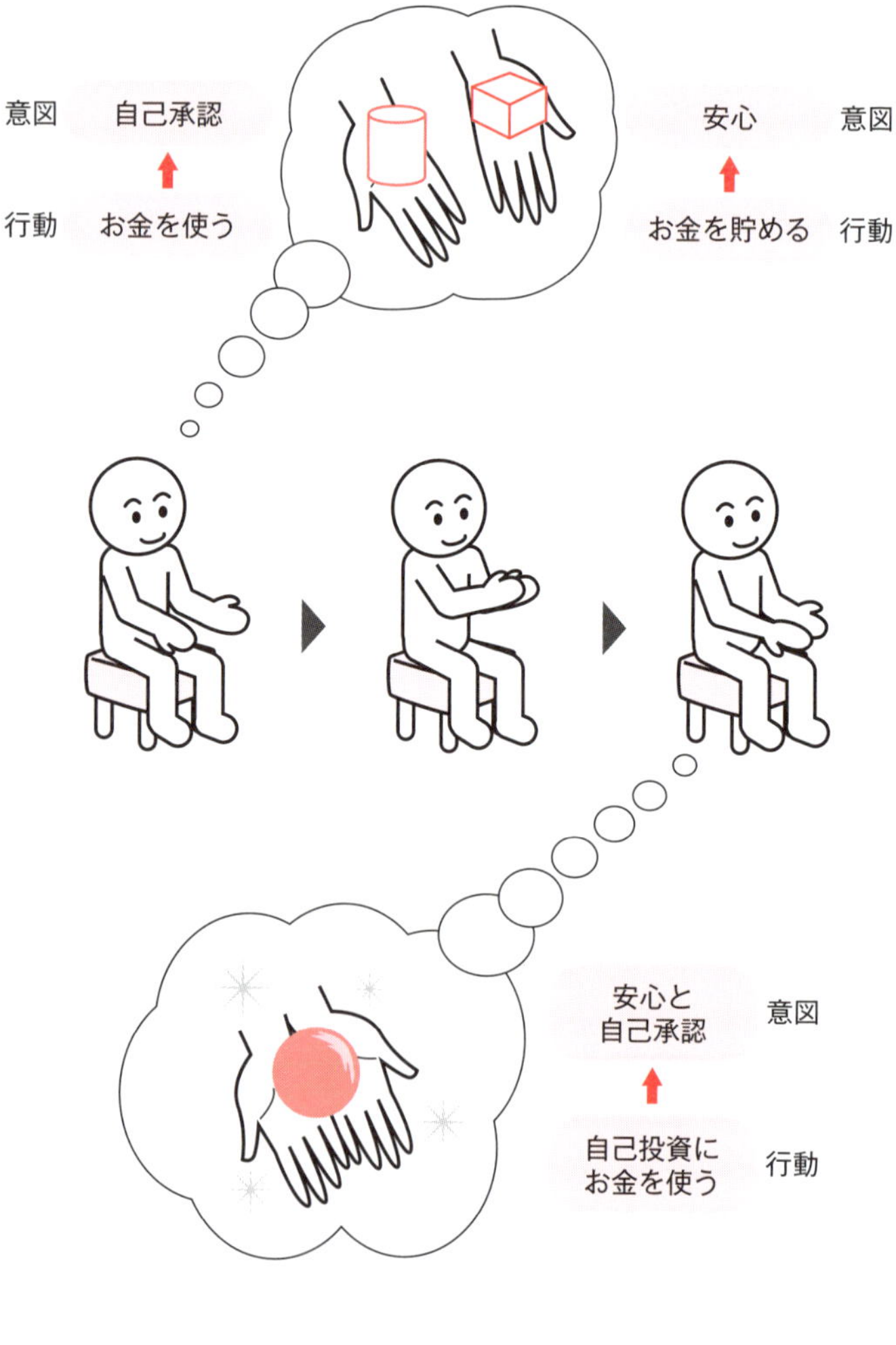

己承認も得られる、というような話し合いがなされました。

そして、両手を近づけて、手を合わせて2つのパートを統合します。手を開くと、光り輝き丸い球のような重みのあるパートに変わりました。安心と自己承認の両方を満たす新しいパートです。

そのパートをゆっくり身体に戻し、新しいお金の使い方をしている自分をイメージしました。

美紀さんは、とても希望に満ちた将来を感じることができました。

「人は、他人と違っているのと同じくらい自分自身とも違っているときがある」

ラ・ロシュフーコー

WORK

ビジュアル・スカッシュ

❶葛藤を特定します。
❷パートの一つを、手の上に出し、そのパートを五感で表現します。
❸そのパートに、「その行動を通して、何を得ようとしているのですか？」と質問し、肯定的意図を聞き出します。
❹もう一つのパートを、もう片方の手の上に出し、そのパートを五感で表現します。
❺そのパートに、「その行動を通して、何を得ようとしているのですか？」と質問し、肯定的意図を聞き出します。
❻手の上のパートを向かい合わせ、それぞれのパートに、お互いのパートのどのリソースを利用することができるか、話し合わせます。
❼両手を近づけ、手を合わせます。手を開き、両方の肯定的意図を満たす新しいパートをイメージします。そして、新しいパートを自分の体の中に戻します。
❽新しい行動をとっている自分を想像します（フューチャーペース〈↓121ページ〉）。

Part 7

夢をかなえる

前半のPART 2からPART 4までで、他人とのコミュニケーションスキルについてご紹介し、後半に入ってPART 5とPART 6では、自分とのコミュニケーションスキルとして問題や悩みを解決するスキルをご紹介してきました。

いよいよ最後のこのPART 7では、夢をかなえたり目標を実現したりするためのスキルをご紹介していきます。

8 フレーム・アウトカム
実現する目標を立てる

これまで仕事中心で、あまり心に余裕のなかった大輔君ですが、タイムラインシフトで優先順位をつけて仕事を進めるようになり、6ステップ・リフレーミングで人の話を聞くようになりました。

そうしたなか、少しずつ、仕事以外のことについても落ち着いて考える余裕が出てきました。最近、飲みに誘われることが多く、友達からも「太った？」と言われることが増えてきたので、ダイエットに取り組むことにしました。しかし、漠然とダイエットをしたいと思ってから何日か経ったものの、具体的には何の行動も起こさずにいます。

NLPでは、目標、ゴール、理想の状態のことを「アウトカム」（outcome）といいます。アウトカムを実現するためには、アウトカムを明確にする必要があります。

アウトカムを明確にすると、アウトカム実現のために、無意識的に脳が情報を集めはじめます。

テレビを買い替えたいと思ったら、テレビのチラシが目につくようになった、というような体験はないでしょうか？

たまたまそのとき、テレビのチラシが増えたのではありません。以前からテレビのチラシはあったものの、目につかなかったのが、「テレビを買い替えたい」というアウトカムを持つことで、そのための情報が目に入ってくるようになったのです。

アウトカムが明確になればなるほど、アウトカムは実現しやすくなります。

アウトカムにはいろいろな側面があります。一つの側面だけからアウトカムを考えるのではなく、多くの側面からアウトカムを明確にすることで、アウトカムへの意欲が高まり、必要な修正をしやすくなります。

８つの側面からアウトカムを明確にしていくスキルが「８フレーム・アウトカム」です。次の８つの質問に答えていくことで、アウトカムが明確になります。

8つの質問で目標を明確にする

❶あなたの手に入れたいアウトカムは何ですか？（アウトカム）

アウトカムを肯定文で表現します。大輔君のアウトカムは、「ダイエットをする」ということです。

❷アウトカムが手に入ったとき、どのようにしてわかりますか？（証拠）

五感を使ってアウトカムを具体化します。大輔君は、ダイエットが成功した場面を思い浮かべました。「体重計を見ると今より7キロ減っている（視覚）。心の中で『やった！』という自分の声が聞こえ（聴覚）、身体が軽く感じる（体感覚）」と具体化しました。

❸そのアウトカムを、いつ、どこで、誰と作りますか？（状況）

アウトカムを作る状況です。大輔君は、3カ月でダイエットを実現したいと思いました。ジョギングが趣味の会社の同僚を思い出し、一緒にジョギングをしようとも思いました。

❹アウトカムを手に入れることは自分自身や周りにどのような影響がありますか？（エコロジー）

エコロジーは環境のことで、どのような影響があるか、ということです。影響には、自分自身にとっての良い影響・悪い影響、また周りにとっての良い影響・悪い影響がありま す。悪い影響が大きいアウトカムは望ましくありません。大輔君は、仲間から飲みに誘われることが多いのですが、ダイエットのために断るとストレスがたまるし、相手にも嫌な気持ちをさせてしまうかもしれない、と思いました。そこで、よく誘ってくれる仲間には、自分がダイエットに取り組むことを事前に伝え、協力してもらうことにしました。

❺アウトカムを手に入れるためにすでに持っているリソースは何ですか？　また、さらに必要なリソースは何ですか？（リソース）

リソース（➡29ページ）に気づくことで、アウトカムを実現するための選択肢を増やしたり、意欲を強めたりすることができます。大輔君は、昔走ることが好きだったこと、ジョギングが趣味の同僚がいることなどのリソースに気づきました。

❻アウトカムを手に入れるのを止めているものがあるとしたら何ですか？（制限）

アウトカムを手に入れるのを止めているものがあると、アウトカムを手に入れるのは難しくなります。大輔君は、ダイエットすることで仕事の力を抜いていると思われるかもしれないということに気づきました。同時に、これは思い込みにすぎないことにも気づきました。

❼アウトカムを手に入れることは、どのような意味がありますか？（メタアウトカム）

メタアウトカムは、アウトカムのアウトカムで、アウトカムの先にあるもの、アウトカムを手に入れることの意味です。大輔君は、日々健康的で充実した生活を送ることができて、自信もつくとメタアウトカムに気づきました。メタアウトカムを明確にすると、アウトカムへの意欲が高まります。

❽何からはじめますか？（行動計画）

アウトカムを実現するためには、具体的な行動が必要です。大輔君は、ジョギングが趣味の同僚に声をかけることからはじめることにしました。

8フレーム・アウトカム――大輔君の場合

①アウトカム

②証拠

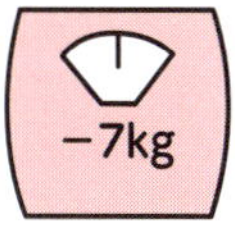

③状況

④エコロジー

⑤リソース

⑥制限

⑦メタアウトカム

⑧行動計画

実現しやすいアウトカム

アウトカムには、実現しやすいものとしにくいものがあります。

実現しやすいアウトカムには、次の5つの条件があり、これを満たすものを**「よくまとめられたアウトカム」**といいます。

①肯定的に表現されている：「これ以上太りたくない」「人前で緊張したくない」などのような否定文のアウトカムは望ましくありません。否定文のアウトカムは、「買わないものリスト」を持って買い物に行こうとするようなものです。「ダイエットをする」「人前で堂々とする」などのように、肯定的な表現にする必要があります。

②目標を望む人がコントロールする：アウトカムは、自分がコントロールできるものにする必要があります。「上司から認められたい」「友達に『太った?』と言われたくない」などのように、自分以外の誰かが主体となっているアウトカムは望ましくありません。コントロールすることができるのは他人ではなく、自分です。「上司から認められたい」のであれば、「上司から認められるために、どういう自分になりたいか」ということを

考えます。

③五感に基づく証拠によって明確にされている：「ダイエットする」「営業力をつける」などのように、抽象的なアウトカムは五感に基づく証拠で明確にする必要があります。「営業力をつける」のであれば、「お客さんが笑顔で（視覚）、『ありがとう』と言うのを聞いて（聴覚）、温かい気持ちになる（体感覚）」などのように、五感で明確にします。

④現在の状態の肯定的な副産物を維持する：アウトカムが得られないほうが望ましい側面があることがあります。「ダイエットする」というアウトカムの場合、仲間から飲みに誘われても断らずにすむという点に関しては、アウトカムが得られていない現在の状態は望ましいのです。このような現在の状態の肯定的な副産物は維持されることが必要です。この場合、仲間からの誘いを断ることで問題が起きないようにすることが必要です。

⑤外部のエコロジーに適応する：アウトカムが実現することで問題が起きてしまうようなアウトカムは、望ましくありません。外部のエコロジー、つまり、外部への影響をふまえて、アウトカムを立てる必要があります。

目標の「チャンク」を変える

物事は、大きなくくりで捉えることもできますし、小さなくくりで捉えることもできます。たとえば、自動車は、電車や飛行機などとともに乗り物の一つです。そして、自動車には、セダン、トラック、バスなどがあります。**こうしたくくりのことを「チャンク」といいます。チャンク（chunk）とは「塊《かたまり》」のことです。**

そして、**物事をより大きなくくりで捉えるのを「チャンクアップ」（chunk up）といいます。チャンクアップは部分から全体に向かい、抽象的になります。**自動車をチャンクアップすると乗り物になります。

これとは逆に、より小さなくくりで捉えるのを「チャンクダウン」（chunk down）といいます。チャンクダウンは全体から部分に向かい、具体的になります。自動車をチャンクダウンすると、セダン、トラック、バスなどになります。

アウトカムを設定するときも、このチャンクという考え方が役立ちます。

「ダイエットする」というアウトカムは、チャンクアップすると、「健康的な生活」ということになります。チャンクダウンすると、「ジョギングをする」「カロリー摂取を控え

チャンクアップとチャンクダウン

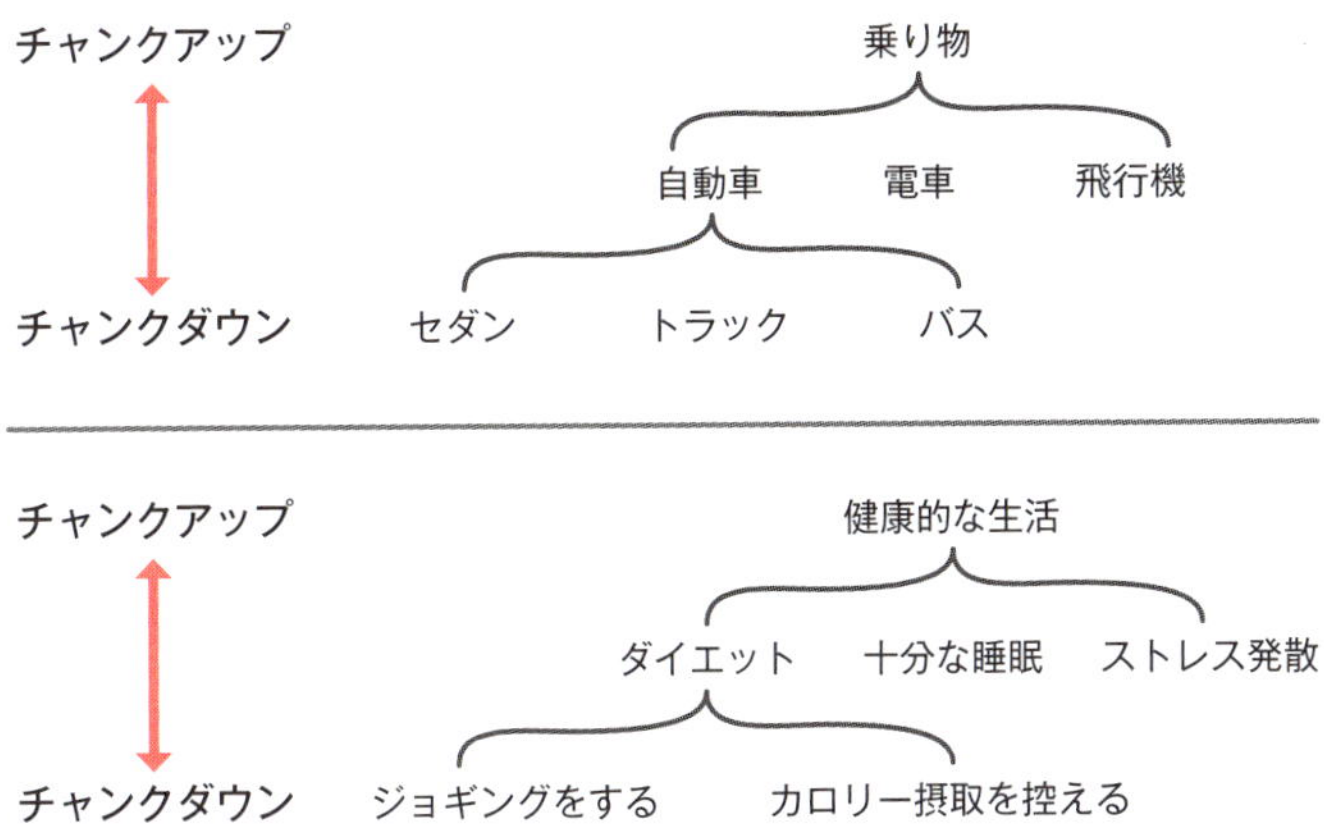
チャンクアップ
チャンクダウン
乗り物
自動車
電車
飛行機
セダン
トラック
バス
チャンクアップ
チャンクダウン
健康的な生活
ダイエット
十分な睡眠
ストレス発散
ジョギングをする
カロリー摂取を控える

る」などとなります。

アウトカムを実現するためには、具体的な行動が必要です。大きなチャンクのアウトカムは、チャンクダウンして具体化すると行動を起こしやすくなります。

たとえば、「人のためになる」というアウトカムは大きなチャンクです。チャンクダウンすると「地域の人のためになる」、さらにチャンクダウンすると「公園の掃除をする」、さらにチャンクダウンすると「次の日曜日の朝、公園の掃除をしにいく」などとなります。「人のためになる」というアウトカムでは何をしたらいいのかわからなくても、「次の日曜日の朝、公園の掃除をしにいく」ということであれば何をするのかが明確です。

小さなチャンクのアウトカムは、チャンクアップして抽象化すると、アウトカムに意味を持たせて、意欲を高めることができます。人は、意味のあることをやり、意味のないことをやりません。

たとえば、「机の上を片づける」というアウトカムは、チャンクアップすると「仕事の効率」、さらにチャンクアップすると「自己管理力向上」、さらにチャンクアップすると「自己承認」となります。「机の上を片づける」というアウトカムでは意欲が低くても、それが「自己承認」につながると思えば、意欲は高まるわけです。

WORK

8フレーム・アウトカム

❶あなたの手に入れたいアウトカムは何ですか？（アウトカム）

❷アウトカムが手に入ったとき、どのようにしてわかりますか？（証拠）

❸そのアウトカムを、いつ、どこで、誰と作りますか？（状況）

❹アウトカムを手に入れることは自分自身や周りにどのような影響がありますか？（エコロジー）

❺アウトカムを手に入れるためにすでに持っているリソースは何ですか？　また、さらに必要なリソースは何ですか？（リソース）

❻アウトカムを手に入れるのを止めているものがあるとしたら何ですか？（制限）

❼アウトカムを手に入れることは、どのような意味がありますか？（メタアウトカム）

❽何からはじめますか？（行動計画）

「未来を予測する最もよい方法は、未来を創り出すことである」

デニス・ガボール

ワクワクする夢が見つかる
ディズニー・ストラテジー

美紀さんは、ホームページの業者とやり取りする仕事をしています。その仕事は好きなものの、会社としてはあまり力を入れていません。一方、美紀さんは、もっと専門的にウェブデザインの仕事をしたいと思う気持ちが強くなっています。

ホームページ制作会社への転職も考えますが、そこまでの決断力はありません。


職場で今後の仕事についての打ち合わせをするようなときは、いろいろな人がさまざまな意見を言い合いますが、人によって傾向があるのが普通です。

まず、アイデアを出すのが得意な人がいます。自由な発想で、ワクワクするようなアイデアを次々と出す人です。また、実行計画を立てるのが得意な人もいます。現実的に誰が何をするといいのか意見を出す人です。さらに、問題点を見つけるのが得意な人もいます。

問題が起きるのを予想したり、計画を批評したりする人です。

このように、いろいろな人が、さまざまな視点で意見を出し合うことで、よい結論が得られていきます。

もし、アイデアを出すのが得意な人だけで話し合ったら、具体的な行動計画はよいものができず、実現するのは難しくなります。実行計画を立てるのが得意な人だけで話し合ったら、実現してもワクワクしなかったり、実行すると問題が起きたりしてしまいます。問題点を見つけるのが得意な人だけで話し合っても、見つかった問題を解決するアイデアが思い浮かばず、具体的な実行計画も現実的ではなくなります。

こうしたことは、個人にとっての夢や目標についてもいえます。

私たちは、アイデアを出すのが得意だったり、実行計画を立てるのが得意だったり、問題点を見つけるのが得意だったりします。そして、それ以外のことは苦手なこともありますが、それ以外のことも考えると、夢や目標はよりよいものになっていきます。

夢想家、現実家、批評家

NLP共同開発者のロバート・ディルツは、ウォルト・ディズニーが、アイデアを出す「夢想家」（ドリーマー）、実行計画を立てる「現実家」（リアリスト）、問題点を見つける「批評家」（クリティック）の3つのポジションを使い分けていたことを明らかにしました。「ディズニー・ストラテジー」は、この3つのポジションを使うことで、アイデアに富んで、現実的で、問題点のない夢やアウトカムを作り出すスキルです。

◉夢想家

自由に空想し、アイデアを出します。「何をしたいのか」「そうすることで何が得られるのか」といったことを考えます。ここでは、実際にそれが可能かどうか考える必要はありません。自由な発想で思い描くことが大切です。「夢を描く」といいますが、**おもに視覚を用います。夢がかなうとどういう場面なのか、イメージを思い浮かべてみます。**姿勢は、頭と視線をやや上向きにします。

◉現実家

現実的な行動計画を立てます。「具体的にどのように実行するか」「誰がいつどこで実行するか」といったことを考えます。「現実家」といっても、現実的に妥協する人という意味ではなく、夢想家の思い描いた夢は実現可能であると信じることが大切です。行動して実行していくので、**おもに体感覚を用いて、実際に計画を実行している自分を感じてみます**。姿勢は、頭と視線をまっすぐにするか、やや前かがみにします。

◉批評家

行動計画を批評します。「行動計画にはどのような問題があるか」「反対する人はいるか」といったことを考えます。第三者の視点に立つこともあります。批評するのは、あくまでも行動計画であって、夢想家や現実家などの人ではありません。**分析的、論理的な考えをするため、おもに聴覚を用います。自分の心の中の言葉による内部対話を使います**。姿勢は、頭と視線を下向きにし、腕や足を組むといいでしょう。

「やりたいことが見つからない」という人は、夢想家になるのが苦手な人です。何かやろ

夢想家・現実家・批評家の姿勢

夢想家　頭と視線をやや上向きにする

自由に空想し
アイデアを出す

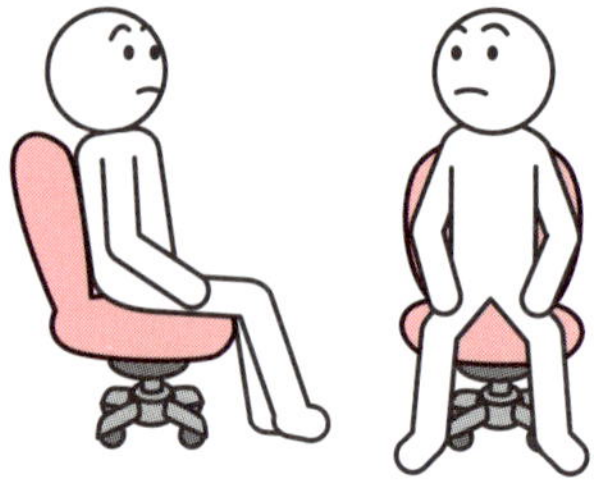

現実家　頭と視線をまっすぐか、やや前かがみにする

現実的な
行動計画を
立てる

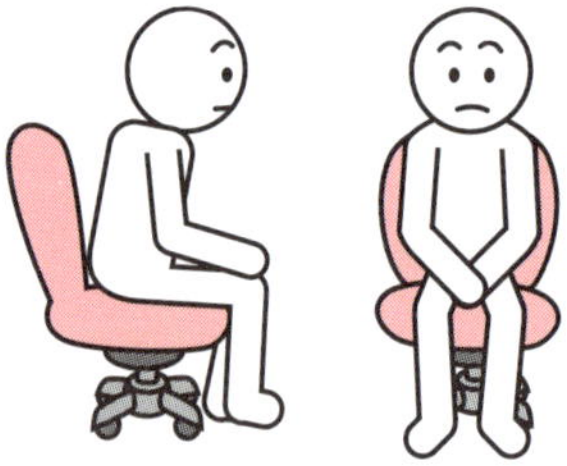

批評家　頭と視線を下向きにし、腕や足を組む

行動計画を
批評する

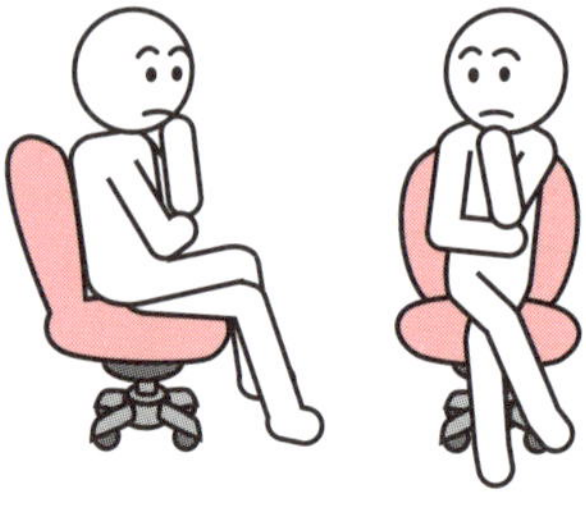

うと思うと、すぐに批評家となってしまい、やりたいことができないパターンにはまってしまっている可能性があります。

「行動を起こせない」という人は、現実家になるのが苦手な人です。アウトカムを立てたり、批評するだけでは、実現することはできません。

「目標を実現しようとすると、途中でうまくいかなくなる」という人は批評家になるのが苦手な人です。批評家の視点で、行動計画をチェックすることで、途中で問題が起きる可能性を減らすことができます。

アウトカムを実現していくには、夢想家、現実家、批評家のどれもが必要で役立ちます。

3つのポジションを繰り返す

美紀さんは、ウェブデザインの仕事について、ディズニー・ストラテジーに取り組んでみました。

ディズニー・ストラテジーでは、夢想家の場所、現実家の場所、批評家の場所、中立的な場所を決め、夢想家の場所に入ると夢想家の状態になる、というように、それぞれの場所と状態を結びつけることからはじめます。それぞれの場所がアンカーとなるような空間アンカー（↓169ページ）を作るのです。

具体的には、まず、夢想家の場所に入り、頭と視線はやや上向きという姿勢になります。自由にアイデアを出していたときのことを思い出し、その状態になります。十分に体験すると、夢想家の場所と夢想家の状態が結びつきます。

次に、現実家の場所に入り、頭と視線はまっすぐにするかやや前かがみという姿勢になります。具体的で現実的に計画を立てて実行したときのことを思い出し、その状態になります。十分に体験すると、現実家の場所と現実家の状態が結びつきます。

そして、批判家の場所に入り、頭と視線は下向きにします。計画に対して、建設的な批評をしていたときのことを思い出し、その状態になります。十分に体験すると、批評家の場所と批評家の状態が結びつきます。

3つの場所と状態が結びついたら、一度、中立的な場所に出て、アウトカムを決めます。アウトカムは、「もっと専門的にウェブデザインの仕事をしたい」というものです。

そのうえで、夢想家の場所に入り、アイデアを出してみます。「ウェブデザイナーになって、きれいなホームページを作りたい。それを見たお客さんから笑顔があふれ出てくる、そんなウェブデザイナーになりたい」。次に、現実家の場所に入り、行動計画を考えてみます。「会社を辞めて、ウェブデザインの学校に通ってみよう。そして、ホームページ制作会社に就職しよう」。さらに、批評家の場所に入り、行動計画を批評します。「会社を辞めるのはリスクが高い。思いどおりに転職できるかどうかもわからない」

このようにして、夢想家、現実家、批評家という順を繰り返します。それぞれの場所に入ったときは、その姿勢をして、その状態になります。

美紀さんは再度、夢想家の場所に入り、アイデアを出してみます。「まずは、いまの会社で、外注している作業を自分でできるようになりたい」。次に、現実家の場所に入り、行動計画を考えます。「ウェブデザインの学校は、仕事帰りに行けそうなところを探してみよう。スキルがついてきたら、上司と相談して、自分にやらせてもらおう」。さらに、批評家の場所に入り、アイデアや行動計画を批評します。「仕事が遅くなるときがあるけれど、振り替えで受講できるところであれば、問題なさそうだ」

夢想家、現実家、批評家が同意しました。美紀さんは、ウェブデザインのスキルを磨くことに意欲を感じました。

WORK

ディズニー・ストラテジー

❶中立的な場所、夢想家の場所、現実家の場所、批評家の場所を決めます。

❷夢想家、現実家、批評家の場所を、それぞれの状態と結びつけます。

①夢想家の場所に入り、頭と視線をやや上向きにしながら、自由にアイデアを出したときのことを思い出し、その状態になります。

②現実家の場所に入り、頭と視線をまっすぐにするかやや前かがみにしながら、具体的、現実的に計画できたときのことを思い出し、その状態になります。

③批評家の場所に入り、頭と視線を下向きにしながら、計画に対して、建設的な批評ができたときのことを思い出し、その状態になります。

❸中立的な場所でアウトカムを決めます。

❹夢想家の場所に入り、自由にイメージしてアイデアを膨らませます。

❺現実家の場所に入り、アウトカムを実現するにはどうしたらいいのか、その行動計画を考えます。

❻批評家の場所に入り、足りないものを探し、実行計画を批評します。

❼夢想家の場所に入り、批評家の批評について創造的な解決方法のアイデアを出します。

❽夢想家、現実家、批評家が同意するまで、❺〜❼を繰り返します。

「好奇心はいつだって新しい道を教えてくれる」

ウォルト・ディズニー

達人のやり方をものにする

モデリング

何かを上手にできるようになりたいときは、その方法を最初から自分で考えるのではなく、上手にできる人のやり方を自分のものにするのが近道です。そのような方法を「モデリング」といいます。

ＮＬＰはモデリングによって発展してきました。ゲシュタルト療法のフリッツ・パールズと家族療法のバージニア・サティアをモデリングしてメタモデルが開発され、催眠療法のミルトン・エリクソンをモデリングしてミルトンモデルが開発されました。その後も、うまくいっている人のやり方をモデリングして発展を続けており、モデリングはＮＬＰにおける基本的なアプローチです。

モデリングをするためには、自分が上手にやりたいと思っている行動を特定し、それを上手にできる人をモデルとして選びます。モデルは、身近な人やテレビでよくみる人など、具体的にイメージできる人にします。

モデリングで上手な人に近づく

スクリーンを思い浮かべ、モデルを映し出す
モデルと自分を入れ替えて映し出す
スクリーンに入り、実際にその行動を取る

そして、目の前にスクリーンをイメージし、モデルがその行動をしているところを映し出します。たとえば、プレゼンであれば、プレゼンの上手な人がプレゼンをしている場面を映し出します。このとき、身体の動きや声の大きさ、トーンなどもていねいに観察します。

次に、スクリーンに映し出しているモデルを自分に変えて、自分がその行動をとっている場面を映し出します。プレゼンであれば、自分が上手にプレゼンをしている場面を映し出します。これは、ディソシエイト（↓181ページ）です。ディソシエイトによって客観的に観察することができます。

十分に観察したら、スクリーンの中に入り、自分で実際にその行動をとってみます。プレゼンであれば、実際にプレゼンをしてみます。これは、アソシエイト（↓181ページ）です。アソシエイトによって実体験することができます。

自分の可能性を広げる

モデリングでは「なぜ上手にできるか」ではなく、「どのようにすれば上手にできるか」という点に重きをおきます。

伝統的な学習では、一つ一つ要素を加えていきます。プレゼンであれば、最初は話し方、次に姿勢というように順番に学習します。モデリングでは、最初からすべての要素を自分のものにしていきます。話し方も、姿勢も、表情も、身振り手振りもすべて取り入れていくのです。そのうえで、望む成果を得るのに必要ない要素があれば、それを取り除けばいいのです。

モデリングによって、モデルとまったく同じ行動ができないときもあります。人によって、生育歴や身体的特徴などに違いがあるからです。しかし、そうしたときでも、モデリングによって、モデルの行動や考え方を自分の人生に応用することで、自分の可能性を広げることができるのです。

WORK

行動のモデリング

❶上手にやりたいと思っている行動を決めます。
❷その行動を上手にできている人をモデルに選びます。
❸目の前にスクリーンをイメージし、そのモデルが、上手にその行動をしている場面を映し出します。
❹目の前にイメージしたスクリーンで、モデルを自分に入れ変えて、自分が上手にその行動をしている場面を映し出します。
❺スクリーンの中の入り、実際に身体を動かして、その行動をとってみます。何度か繰り返します。
❻モデルから出て、将来、自分がその行動をとっているところをイメージします。
（フューチャーペース〈↓121ページ〉）

Part 1 NLPとは
Part 2 人の心を開く
Part 3 人とうまく関わる
Part 4 人を導く
Part 5 行動や感情を変える
Part 6 嫌いな自分を変える
Part 7 夢をかなえる

自分を統一する
ニューロ・ロジカル・レベル

大輔君のプロジェクトは山場に差し掛かっています。プロジェクトリーダーとして自分自身でやる仕事が多いだけでなくメンバーに呼ばれて、相談されることが増えています。
大輔君は、メンバーに呼ばれると、自分の仕事が邪魔されているように感じてしまい、イライラした気持ちで接してしまうことがあります。

大輔君は、「メンバーに呼ばれて、相談されることが増えている」という「環境」で、「イライラした気持ちで接する」という「行動」をとっています。

私たちは「環境」を意識することもあれば、「行動」を意識することもあります。

NLP共同開発者のロバート・ディルツは、意識について、「環境」「行動」のほかに、「能力」「信念・価値観」「自己認識」「スピリチュアル」も合わせて、人の意識を6つのレ

ベルに分類した「ニューロ・ロジカル・レベル」というモデルを開発しました。

6つのレベルは、図のように「環境」がもっとも下位レベルで、「行動」「能力」「信念・価値観」「自己認識」「スピリチュアル」の順で上位となります。

6つのレベルは互いに関係しており、上位のレベルが変わると下位のレベルも変わりやすいという関係にあります。それぞれのレベルの内容は次のとおりです。

ニューロ・ロジカル・レベル

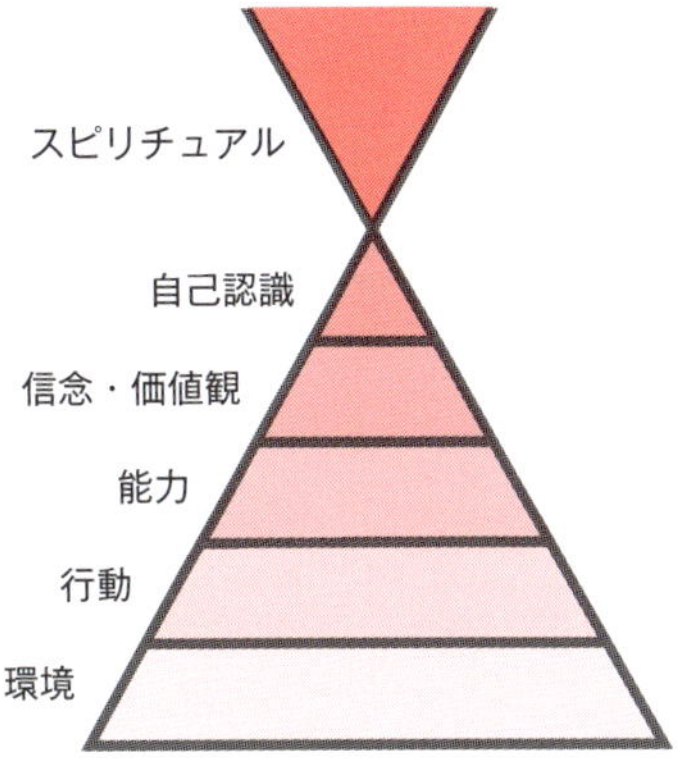

人の意識のレベルは6段階。上が変わると下も変わりやすい

◉環境レベル

その人をとりまく周囲の状況です。周りにはどのような人がいるか、何が見えて何が聞こえているか、どのような職場か、仕事の時

間か休日か、スケジュールはどうなっているかなどで、五感を通して認識され、機会や制約となります。「Ｗｈｅｎ？（いつ？）、Ｗｈｅｒｅ？（どこで？）」という質問の答えにあたります。たとえば、「会社の机の上が整理されていない」というのは環境レベルです。

◉行動レベル

何をしているか、ということです。仕事をしている、休んでいる、話をしている、本を読んでいるなどです。能動的な行動もあれば、反応的な行動もあります。「Ｗｈａｔ？（何？）」という質問の答えにあたります。行動レベルが変わると、環境レベルが変わります。たとえば、「机の上を片づけないで帰る」というのは行動レベルです。片づけて帰るよう、行動を変えると環境が変わり、机の上がきれいになります。

◉能力レベル

特定の行動をするためのスキル、技術、資質です。具体的に言えば、コミュニケーションスキル、知識、体力、語学力、時間管理力などです。ストラテジー（↓156ページ）も能力です。「Ｈｏｗ？（どのように？）」という質問の答えにあたります。能力レベルが変わると、行動レベルが変わります。たとえば、「自己管理できない」というのは能力レベルです。自己管理できるようになると、行動が変わり、机の上を片づけて帰るようになります。

◉信念・価値観レベル

信念は自分が信じていることで、「なせばなる」「自分にはむかない」「やるべきだ」「夢はかなう」「男性は〜」「女性は〜」「社会人は〜」といったことです。価値観は自分にとって大切なもので、愛・安心・成長などです。信念・価値観は、能力や行動を促すこともあれば、制限することもあります。「Ｗｈｙ？（なぜ？）」という質問の答えにあたります。信念・価値観レベルが変わると、能力レベルが変わります。たとえば、「言われたことだけやればいい」というのは信念です。これが「身の回りをきれいにするのは当然のこと」という信念に変わると、能力が変わり、自己管理できるようになります。

◉自己認識レベル

自分は何者か、ということで、役割や使命のことです。具体的に言えば、会社員である、営業マンである、優秀な社員である、駄目社員である、父親である、母親である、などです。「Ｗｈｏ？（誰が）」という質問の答えにあたります。自己認識レベルが変わると、信念・価値観レベルが変わります。たとえば、「平凡な平社員」というのは自己認識です。これが「ほかの社員によい影響を与えるリーダー」という自己認識に変わると、「言われたことだけやればいい」という信念が「身の回りをきれいにするのは当然のこと」という信念に変わります。

◉スピリチュアルレベル

個人としての意識を超えて、自分は自分を越えた大きなシステムの一部であるという感覚です。会社の一員であるという感覚、家族の一員であるという感覚、地域の一員であるという感覚などで、つながりへの気づきがあり、自分の目的や存在意義に関連するものです。「Ｆｏｒ Ｗｈｏｍ？（誰のために？）」「Ｆｏｒ Ｗｈａｔ？（何のために？）」という質問の答えにあたります。スピリチュアルレベルが変わると、自己認識レベルが変わります。たとえば、「会社は会社、自分は自分」というようにスピリチュアルレベルの感覚が希薄だったものが「会社の重要な一員」という感覚に変わると、自己認識が「単なる平社

上位レベルが変われば下位レベルも変わる

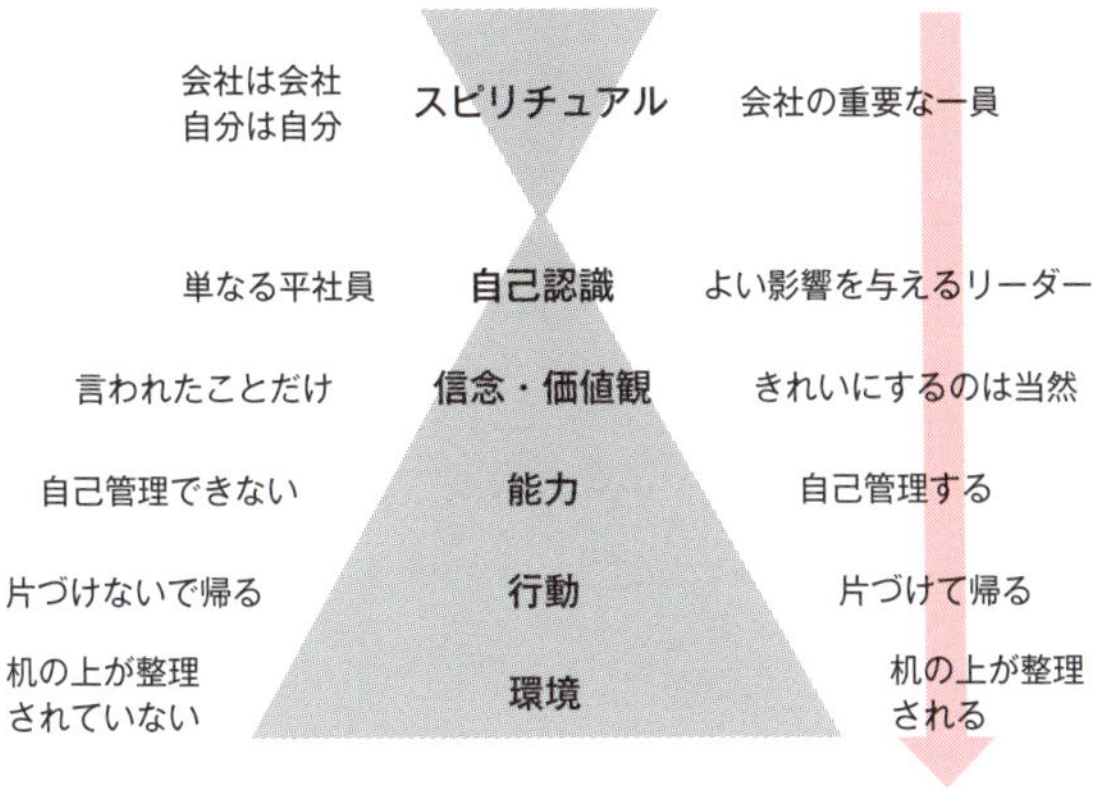
会社は会社
自分は自分
スピリチュアル
会社の重要な一員
単なる平社員
自己認識
よい影響を与えるリーダー
言われたことだけ
信念・価値観
きれいにするのは当然
自己管理できない
能力
自己管理する
片づけないで帰る
行動
片づけて帰る
机の上が整理
されていない
環境
机の上が整理
される

員」から「ほかの社員によい影響を与えるリーダー」に変わります。

6つのレベルを統一する

ニューロ・ロジカル・レベルでは、下位のレベルが変わって上位のレベルが変わることもあります。たとえば、環境が変わって行動が変わることがあります。

ただ、一般的に影響力が大きいのは、上位のレベルです。上位のレベルが変わると、下位のレベルが変わります。上位のレベルが変わらないと、下位のレベルが変わらないこともあります。たとえば、行動を変えて机の上を片づけようとしても、「言われたことだけやればいい」という信念を持ったままでは、なかなかできません。

何かアウトカムを実現したり、問題を解決したりするときは、環境、行動、能力、信念・価値観、自己認識、スピリチュアルという6つのレベルでの整合性が大切です。6つのレベルを統一すると、自分の一致感が高まり、実現しやすくなります。

そのためには、**アウトカムや問題について、順番に、環境、行動、能力、信念・価値観、自己認識、スピリチュアルを考えていきます。そして、今度は逆に、自己認識、信念・価値観、能力、行動、環境という順で考えていきます。これを「ニューロ・ロジカル・レベルの統一」といいます。**

WORK

ニューロ・ロジカル・レベルの統一

❶ アウトカムを設定し、環境レベル、行動レベル、能力レベル、信念・価値観レベル、自己認識レベル、スピリチュアルレベルの場所をそれぞれ決めます。
❷ 環境レベルの場所で、周りにはどのような人がいるか、何が見えて何が聞こえるかなど環境レベルについて考えます。

❸行動レベルの場所に進みます。何をしているか、何をする必要があるかなど行動レベルについて考えます。

❹能力レベルの場所に進みます。どのような能力をもっているか、どのような能力を身につける必要があるかなど能力レベルについて考えます。

❺信念・価値観レベルの場所に進みます。何を信じているか、何を大切にしているかなど信念・価値観レベルについて考えます。

❻自己認識レベルの場所に進みます。役割、使命は何かなど自己認識レベルについて考えます。

❼スピリチュアルレベルの場所に進み、自分の存在を認め、自分を超えた存在とつながります。そして、アウトカムを体験します。

❽自己認識レベルの場所に後ろ向きで戻り、自己認識レベルについて考えます。

❾信念・価値観レベルの場所で、信念・価値観レベルについて考えます。

❿能力レベルの場所で、能力レベルについて考えます。

⓫行動レベルの場所で、行動レベルについて考えます。

⓬環境レベルの場所で、環境レベルについて考えます。

⑬今後の変化を確認します（フューチャーペース〈↓121ページ〉）。

メンバーに呼ばれるストレスに取り組む

プロジェクトメンバーに呼ばれると、イライラした気持ちで接してしまうことがある大輔君。メンバーに対して余裕をもって接したいと思うようになり、ニューロ・ロジカル・レベルの統一に取り組みました。

- **環境レベル**：チームメンバーによく呼ばれ、仕事を邪魔されているように感じます。
- **行動レベル**：イライラした気持ちで接してしまいます。
- **能力レベル**：プロジェクトに必要な知識をもち、時間管理力も発揮しています。
- **信念・価値観レベル**：プロジェクトを成功させなくてはならない、という信念を持っています。価値観は成功です。
- **自己認識レベル**：プロジェクトリーダーとして、プロジェクトを成功させる役割を持っています。

ニューロ・ロジカル・レベルの統一

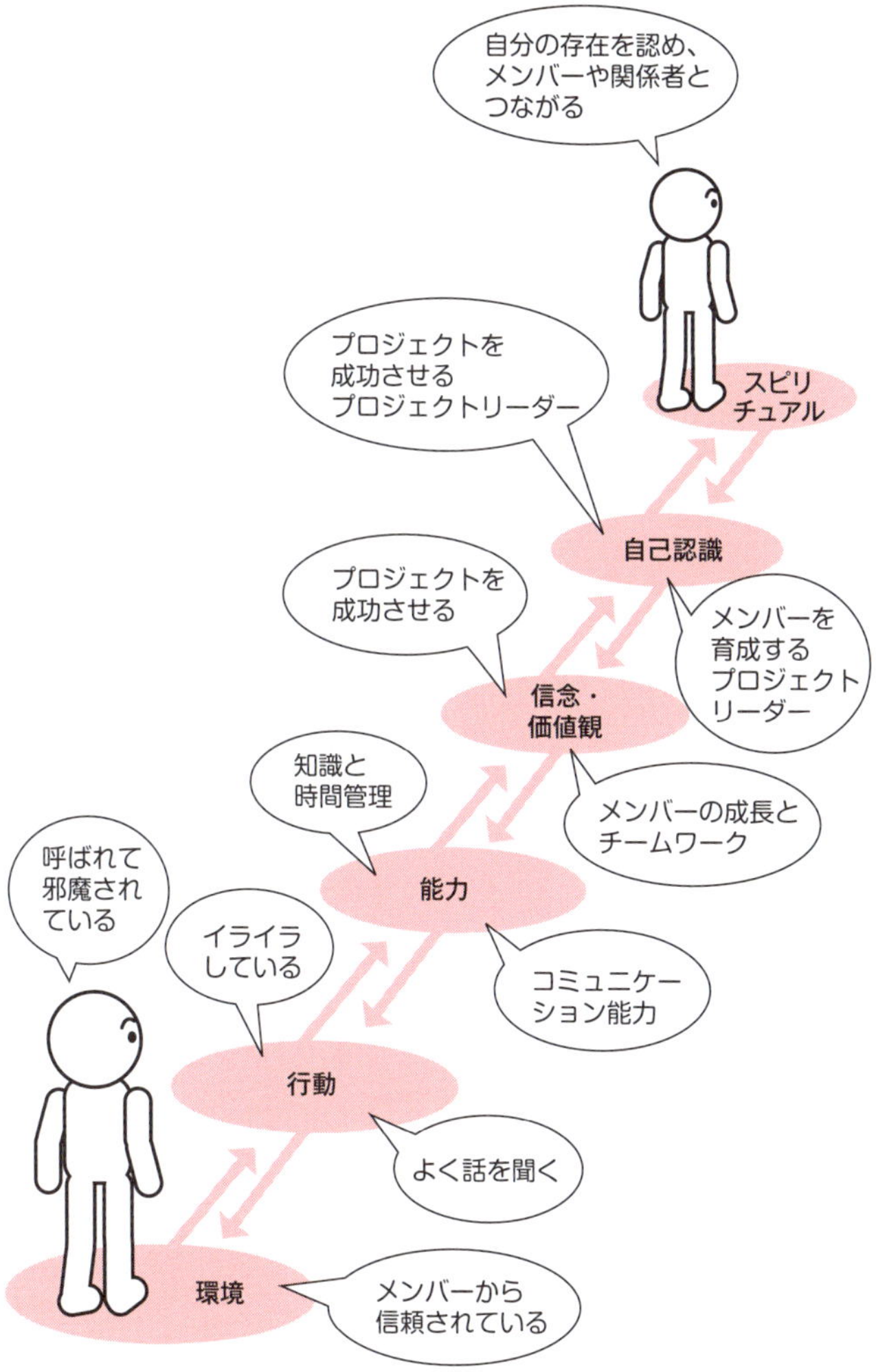
自分の存在を認め、メンバーや関係者とつながる
スピリチュアル
プロジェクトを成功させるプロジェクトリーダー
自己認識
メンバーを育成するプロジェクトリーダー
プロジェクトを成功させる
信念・価値観
メンバーの成長とチームワーク
知識と時間管理
能力
コミュニケーション能力
呼ばれて邪魔されている
イライラしている
行動
よく話を聞く
環境
メンバーから信頼されている

・**スピリチュアルレベル**：自分の存在を認め、自分を超えた存在とつながり、アウトカムを体験します。大輔君は、チームメンバーや関係者とのつながり、そしてさらに大きなものとのつながりを感じます。大輔君は、ゆっくりと時間をかけてその感覚を深めていくと、胸のあたりが熱くなるの感じてきました。

そして、その感覚を保ちながら、後ろ向きで戻っていきます。

・**自己認識レベル**：プロジェクトリーダーとして、メンバーを育成する役割を持っています。

・**信念・価値観レベル**：メンバーの成長と喜びなくして、プロジェクトの成功はない、という信念を持っています。価値観は、チームワークです。

・**能力レベル**：コミュニケーション能力があります。ていねいに話を聞くことができます。

・**行動レベル**：メンバーとていねいにコミュニケーションをとります。

・**環境レベル**：自分から声をかけなくても、メンバーのほうから呼んでくれるのです。メンバーから信頼され、恵まれた環境です。

大輔君は、スピリチュアルレベルから戻ってくると、自己認識、信念・価値観、能力、行動、環境のすべてが変わりました。

メンバーから呼ばれて仕事が邪魔されていると思っていたのが、いまでは、メンバーがよんでくれることを考えると、感謝の気持ちがわいてきます。

「よんでくれて、ありがとう」

おわりに

大輔君と美紀さんが高校のクラブ活動の同窓会で1年ぶりに顔を合わせました。

「お久しぶりです。1年前は、お仕事が大変だって言っていましたが、お元気そうですね。少し痩せたみたいですし」

「ダイエットしたんでね。忙しいのは相変わらずだけど、楽しく過ごしているよ」

「よかった」

「プロジェクトに関わっていたんだけど、先日、最終プレゼンが無事終わって、一段落したところ」

「いきいきしていますね」

「プロジェクトが終わったとき、『大輔さんの下で働けてよかった』って言ってもらえたときは、うれしかったよ」

「それはよかったですね」

「美紀さんは、1年前、単調な毎日だって言っていたよね」
「そういえば、そうですね。いまは、ウェブデザインの学校に通っているんですよ。いつか仕事にできればいいな、と思って」
「そうなんだ。そういう話を聞くと、うれしくなるな」
「私も、元気そうなお顔を拝見して、うれしくなってきました」

プロジェクトリーダーとして、自分の能力向上や能力発揮という点を重視して仕事に取り組んでいた大輔君。途中で、メンバーの成長を大切にすることに目覚め、プロジェクトを成功に導きました。

単調な毎日を送っていた美紀さん。最初は、問題や悩みに取り組みました。仕事でもプライベートでも人とよい関係を築き、未来の自分に向かっていきいきと毎日を送るようになりました。

NLPの創始者リチャード・バンドラーは、NLPを「在り方であり、方法論であり、テクノロジーである」と定義しています（↓23ページ）。そして、次のように言います。

「神経言語プログラミングを学んで得られる結果としては重要なのは、一連のテクニックではなく、人生に対する姿勢です。これは好奇心と深く結びついており、自分の周囲で起こることに興味をもち、これに影響を与え、役立つ方向へもっていこうとする態度です」

リチャード・バンドラー『神経言語プログラミング――頭脳《あたま》をつかえば自分も変わる』（酒井一夫訳、東京図書）

大輔君と美紀さんの変化。人生に対する態度、在り方そのものが、まさにNLPです。

NLPを通して他人や自分とのコミュニケーションが変わると、自己肯定感が高まります。そして、人生に対する態度が変わります。

私自身、大学を出て最初は銀行に入りました。銀行では上司に反発し、人間関係に苦労しました。ストレスのたまる日々を送り、自由になりたい、独立して仕事をしたいという思いがつのりました。

その後、数社の転職を経て独立することができたのですが、孤独な日々の生活に充実感はありませんでした。自由になったはずなのに苦しい……。

そのようなとき、NLPに出会いました。NLPを通して、会社で上司に反発していたのは自分を認めてほしいという肯定的意図があったことに気づきました。人から認められたくて、人から遠ざかった自分。

私は思いました。これからは人に貢献していきたい、と。

そして、「NLPを伝えたい。NLPを通して、人が自分らしく、いきいきと笑顔を増やしていくのをサポートしたい」と思うようになりました。

いま、受講生の方々とのつながりを感じながら、楽しくNLPトレーナーをしています。受講生の方々が可能性を広げていくのに関われるのは、本当に幸せなことです。

最後になりましたが、多くの方のお力添えでこの本ができたことに、心より感謝したいと思います。

出版の機会をいただき、編集を担当してくださった実務教育出版の岡本眞志様。緻密で根気強いフィードバックにより、当初の原稿は輝きを増しました。

NLPセラピストアカデミーの高橋かおりトレーナー。いつも最高の笑顔とホスピタリティで支えていただき、ありがとうございます。

NLPの講座を受講していただいた受講生の方々。お一人お一人とのご縁が素晴らしいものだからこそ、私は楽しくＮＬＰトレーナーを続けています。

受講生の方々のなかでも、岩井裕美様、岡本純子様、金井敦志様、中野真紀様、三宅著様には、原稿のフィードバックなどのご協力をいただきました。

また、ＮＬＰの創始者であるリチャード・バンドラー氏をはじめ、ＮＬＰを開発し広めてくださった多くの方々。私にＮＬＰの魅力を伝えてくださった椎名規夫トレーナーをはじめ、国内外のＮＬＰトレーナーやＮＬＰ仲間の方々。ＮＬＰの魅力は、ＮＬＰに携わる人々の魅力でもあると感じています。

そして、私が誰よりも感謝したい人がいます。それは、この本を読んでいただいたあなたです。この本を手に取り、読んでいただく人を心の支えに、この本を書くことができました。

あなたに最高の感謝を伝えるとともに、あなたの未来がより一層輝くことを、心よりお祈り申し上げます。

二〇一二年二月

前田忠志

ま

や

ら

わ

＊スキルの名称・手順・分類は、本や NLP トレーナーによって違いがあります。この本では、できるだけ標準的でわかりやすいものを採用しました。

た

な

は

Index

参考文献

リチャード・バンドラー『神経言語プログラミング：頭脳をつかえば自分も変わる』（酒井一夫訳、東京図書、1986年）
リチャード・バンドラー『望む人生を手に入れよう：NLPの生みの親バンドラーが語る 今すぐ人生を好転させ真の成功者になる25の秘訣』（白石由利奈監訳、角野美紀訳、エル書房、2011年）
リチャード・バンドラー、ジョン・グリンダー『魔術の構造』（トマス・コンドン監訳、尾川丈一、高橋慶治、石川正樹訳、亀田ブックサービス、2000年）
リチャード・バンドラー、ジョン・グリンダー『リフレーミング：心理的枠組の変換をもたらすもの』（吉本武史、越川弘吉訳、星和書店、1988年）
Richard Bandler, *Richard Bandler's Guide to Trance-formation: How to Harness the Power of Hypnosis to Ignite Effortless and Lasting Change*, Health Communications, 2008.
ジョセフ・オコナー、ジョン・セイモア『NLPのすすめ：優れた生き方へ道を開く新しい心理学』（橋本敦生訳、チーム医療、1994年）
ジョセフ・オコナー『NLP実践マニュアル：神経言語プログラミング』（ユール洋子訳、チーム医療、2007年）
リチャード・ボルスタッド『RESOLVE　自分を変える最新心理テクニック：神経言語プログラミングの新たな展開』（橋本敦生監訳、浅田仁子訳、春秋社、2003年）
シェリー・ローズ・シャーベイ『「影響言語」で人を動かす』（上地明彦監訳、本山晶子訳、実務教育出版、2010年）
スティーブ・アンドレアス、コニリー・アンドレアス『こころを変えるNLP：神経言語プログラミング基本テクニックの実践』（橋本敦生監訳、浅田仁子訳、春秋社、2007年）
ロバート・ディルツ『ロバート・ディルツ博士のNLPコーチング：クライアントに「目標達成」「問題解決」「人生の変化」をもたらすNLPコーチングの道具箱。』（田近秀敏監修、佐藤志緒訳、ヴォイス、2006年）
ロバート・ディルツ『ロバート・ディルツ博士の天才達のNLP戦略：NLPが解明する「天才はなぜ天才か」』（田近秀敏監修、佐藤志緒訳、ヴォイス、2008年）
タッド・ジェイムズ、ワイアット・ウッドスモール『NLPタイムライン・セラピー』（田近秀敏監修、佐藤志緒訳、ヴォイス、2007年）
Shlomo Vaknin, *The Big Book of NLP Techniques: 200+ Patterns & Strategies of Neuro Linguistic Programming*, 4th ed., Inner Patch Publishing, 2011.

前田忠志（まえだ　ただし）

米国NLP協会認定トレーナー、NLPセラピストアカデミー代表。

1971年生まれ。東京大学経済学部卒。日本興業銀行（現みずほフィナンシャルグループ）にて、融資業務、主計業務、統合業務に従事した後、コンサルティング会社を経て独立。公認会計士。

NLPは創始者リチャード・バンドラーに師事。ジョン・グリンダー、ロバート・ディルツ、マイケル・ホール、リチャード・ボルスタッド、クリスティーナ・ホールらからも学ぶ。

NLPプラクティショナー、NLPマスタープラクティショナーなどのコースは、楽しくてわかりやすいと定評がある。

http://ameblo.jp/maedatadashi
http://www.facebook.com/maedatadashi

NLPセラピストアカデミー
http://nlp-communication.jp

脳《のう》と言葉《ことば》を上手《じょうず》に使《つか》う
NLPの教科書《きょうかしょ》

2012年 4月 5日　初版第 1 刷発行
2020年 10月 5日　初版第 13 刷発行

著　者　前田忠志《まえだただし》
発行者　小山隆之
発行所　株式会社 実務教育出版
163-8671　東京都新宿区新宿 1-1-12
電話　03-3355-1812（編集）　03-3355-1951（販売）
振替　00160-0-78270

印刷／シナノ印刷株式会社　　製本／東京美術紙工協業組合

©Tadashi Maeda 2012　　Printed in Japan
ISBN978-4-7889-0798-0　C0011
定価はカバーに表示してあります。
乱丁・落丁は本社にておとりかえいたします。

好評発売中！

週40時間の自由をつくる 超時間術

メンタリストDaiGo 著

定価：1400円＋税　277ページ
ISBN978-4-7889-1472-8

現代人共通の悩み、「時間がない」。本書では、心理学・神経科学・脳科学など最新の科学的研究成果をもとに、この「時間がない」と私たちが感じる根本的な原因に迫り、その解決法をわかりやすく実践しやすい形で提示します。

実務教育出版の本